基督教概况
Christianity

[英] 迈克尔·基恩（MICHAEL KEENE）/著　张之璐/译

著作权合同登记　图字：01-2003-7264 号
图书在版编目(CIP)数据

基督教概况/(英)迈克尔·基恩著；张之璐译. —北京：北京大学出版社, 2005.6
ISBN 978-7-301-08303-1

Ⅰ.基…　Ⅱ.①基…②张…　Ⅲ.基督教–概况　Ⅳ.B97

中国版本图书馆 CIP 数据核字(2004)第 123875 号

Text copyright ⓒ 2002 original edition published in English under the title *Christianity* by Lion Publishing plc, Oxford, England.

Copyright ⓒ Lion Publishing plc 2003. Copyright licence arranged with Andrew Nurnberg Associates International Limited.

书　　　名：	基督教概况
著作责任者：	〔英〕迈克尔·基恩 著　张之璐 译
责 任 编 辑：	刘胜利
标 准 书 号：	ISBN 978-7-301-08303-1/C·0308
出 版 发 行：	北京大学出版社
地　　　址：	北京市海淀区成府路 205 号 100871
网　　　址：	http://www.pup.cn
电 子 信 箱：	zpup@pup.pku.edu.cn
电　　　话：	邮购部 62752015　发行部 62750672　编辑部 62765014
	出版部 62754962
印　刷　者：	北京中科印刷有限公司
经　销　者：	新华书店
	880 毫米×1240 毫米　32 开本　5.75 印张　153 千字
	2005 年 6 月第 1 版　2007 年 12 月第 3 次印刷
定　　　价：	26.00 元

未经许可，不得以任何方式复制或抄袭本书之部分或全部内容。
版权所有，侵权必究
举报电话：010-62752024　　电子信箱：fd@pup.pku.edu.cn

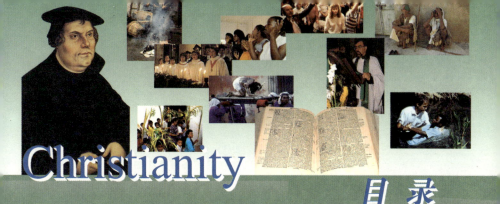

Christianity

目 录

基督教简介 / 2
耶稣与初期教会 / 4
序曲 / 6
耶稣受洗与受试探 / 8
门徒 / 11
上帝的国 / 13
神迹 / 15
最后几日 / 17
耶稣的死 / 20
五旬节那天 / 23
彼得 / 25
保罗 / 27

圣经 / 29
旧约 / 31
新约 / 34
正典 / 36
上帝之道 / 38
使用圣经 / 40

基督教的信条 / 42
三位一体 / 44

道成肉身 / 46
救赎 / 48
圣灵 / 50
信经 / 52
教会 / 54
圣母马利亚 / 56
死亡与永生 / 58

教会的分化 / 60
大分裂 / 62
罗马天主教 / 65
东正教 / 67
宗教改革 / 69
圣公会与信义宗 / 72
其他新教教会 / 74

世界范围的基督教 / 77
基督教的扩展 / 79
北美洲 / 82
拉丁美洲 / 84
非洲 / 86
亚洲与澳洲 / 89
欧洲 / 92

灵性世界 / *94*
门徒生活 / *96*
登山宝训 / *98*
祈祷 / *100*
修道院 / *103*
圣徒、勇士、殉道者 / *106*
朝圣 / *108*
绘画 / *110*
音乐 / *112*
文学 / *115*
建筑 / *117*

圣礼、宗教仪式与基督教历 / *120*
弥撒与圣餐礼 / *122*
新教圣餐礼 / *124*
敬拜仪式 / *127*
圣洗礼与坚振礼 / *130*
婚礼、葬礼 / *133*

圣诞节 / *135*
复活节 / *138*
五旬节 / *140*

今日基督教 / *142*
福音派 / *144*
五旬节宗、灵恩派 / *146*
医病 / *148*
教会合一运动 / *150*
文化 / *153*
社会变革 / *155*
生态 / *158*
女权运动 / *160*
性别 / *162*
新兴团体 / *164*
基督教与世界其他宗教 / *167*

名词浅注（英汉对照）/ *169*

基督教概況

基督教简介
Introducing Christianity

  基督教两千多年前起源于罗马的巴勒斯坦省(今日的以色列、巴勒斯坦和约旦地区),它建立的根基是耶稣基督的生平、教导、死亡与复活。虽然耶稣的传道生涯只有三年,最后在耶路撒冷城外被凌辱并钉于十字架而死。但今天全世界,甚至是非基督徒,都在庆祝他的诞生;并且,他的生日成为公元纪年的开始。

  基督教起初是从古老的犹太教的一次巨大变革成长而来的。耶稣是一个犹太人,并且一生坚持犹太信仰。但是,在他死后,这个新的宗教在外邦人中广泛传播。基督教很快脱离了母体,形成独具一格的生活方式,尽管在很长一段时间里两者的关系一直纠缠不清。

  基督教虽然远播至罗马帝国以外,但信仰的核心仍然是耶稣的生平与教导。别的宗教或许认为耶稣是伟大的导师和先知,但基督徒相信他是上帝,也是上帝的儿子,他取了人的样式是为了恢复被人的罪与悖逆所破坏的人神关系。基督徒信耶稣被钉十字架,然后

基督教简介

从死里复活，借此，他打破了罪与死亡的权势。今天，他是一切生命的主宰。基督徒可以通过耶稣基督与上帝建立个人的关系，可以活在圣灵的能力中。但基督教不仅仅关注个人的拯救，也关注信徒团体（教会）的建立，关注基督徒对耶稣有关社会道德生活教导的回应。

　　今天，基督教是世界上最大的宗教。它在全世界约有信徒十五亿，分布比其他任何宗教都广泛。最初基督教在西方国家得以稳固建立，多半得益于罗马皇帝君士坦丁公元312年归信基督。现在在西方国家，基督徒人数在下滑，但是在其他地区信徒人数仍持续增加。20世纪增长最快的是南美和非洲，这显示了基督教在可预见的未来可能持续增长。

耶稣与初期教会
Jesus and the Early Church

新约中的四福音书——马太福音、马可福音、路加福音和约翰福音,提供了仅有的关于耶稣的历史性信息,但以现代的眼光来看,它们并不是简单的传记。其作者是耶稣的忠实门徒,他们记下这些信息,属灵地阐述了随着上帝的儿子与人类的救主耶稣的到来上帝的国度已经开始。

福音书告诉我们,耶稣三十岁时在约旦河中接受施洗约翰的洗礼,在其后的三年时间里公开传道。他最先做的事中就有挑选十二门

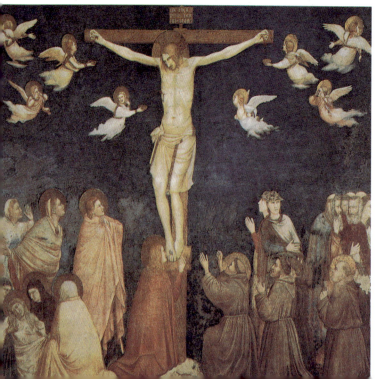

◀ 耶稣被钉十字架（壁画）。乔托画派。

徒，他们几乎一直到最后都跟随着耶稣。耶稣花费许多时间教导他们，预备他们在自己离开世界以后继续传道工作。耶稣也向许多听众传道。除了这些教导，福音书中还记载了耶稣所行的许多神迹，诸如喂饱五千人和使拉撒路复活等等。

但不久之后，耶稣的宗教敌人就计划杀死他。罗马在犹大的巡抚本丢·彼拉多宣判了他的死刑。他于公元29年死在耶路撒冷城外称为"髑髅地"，又叫各各他的山上。三日之后，上帝使耶稣复活。耶稣的受死与复活是基督教信仰的根本所在，它们意味着上帝确实向人类施行了拯救。

四十天后的五旬节那天，圣灵降在早期基督徒身上，于是基督教会诞生了。

> 他为救我们世人从天降临，借圣灵从童贞女马利亚道成肉身而为人。在本丢·彼拉多任内为我们钉在十字架上，受难，被埋葬。照圣经所记载第三天复活。
>
> 《尼西亚信经》

序曲
The Story Begins

> 除了犹太和罗马历史学家所记的一两份简短且无法定论的参考文献,我们所知一切关于耶稣的信息都来自新约的四部福音书。

耶稣降生的时候,罗马帝国已经在巴勒斯坦进行了数十年的强权统治。犹太人在历史上的大多数时间,都在盼望"弥赛亚"的来临。弥赛亚是上帝早已应许犹太人的一个人物,他会将他们从敌人手中救拔出来,并为以色列建立一个和平、繁荣的国度。围绕弥赛亚来临的时间有种种猜测,但大多数犹太人希望他的身份是一个战士——一个身强体健,能领导他们推翻罗马统治的人。一些犹太人失去了等候上帝的耐心,加入自由斗士团体,密谋用武力推翻罗马人统治——这些人是

> 我视你为上帝的仆人,你越经受试探,我越爱你。我实实在在地告诉你:若非经历许多试探忧患,没人能自称是上帝完全的朋友。
>
> 阿西西的圣方济各(St Francis of Assisi,1182–1226),意大利圣方济各会建立者

耶稣的名字

严格来说,"耶稣基督"并不是耶稣的名字。耶稣,或称"约书亚",意思是"上帝是救主"。"基督"是一个称号,是希腊语的"弥赛亚",即上帝拣选的担负独特使命的人。耶稣真正的名字差不多应该为耶稣·巴·约瑟,意为"约瑟的儿子耶稣"。

奋锐党。另一些称作艾赛尼派的信徒却满怀希望，观点也没那么极端，他们退到沙漠中祷告、研习，并等候弥赛亚的到来。

耶稣的降生

耶稣降生在一个极其动荡的国家中。他在约公元前4年降生在犹大的伯利恒。当时城中挤满了为罗马的人口普查而来的人们。因为客店里没有地方，耶稣就降生在一个马槽中：这一幕每年圣诞节都会一遍一遍在世界各地的圣诞剧中上演。福音书的作者们很清楚地叙述了耶稣极不平常的诞生。他们叙述了天使怎样宣告他就是上帝应许的那位救主，叙述了他的成孕是神迹，因为他的母亲马利亚怀孕时还是童贞女。如此，福音书描绘的耶稣是完全的人，也是完全的神。

一位福音书作者记载了犹大的希律王为了除掉小耶稣，如何屠杀那个地区所有两岁以下的男童的事件。这件事迫使耶稣的父母——马利亚和约瑟，匆忙带他逃往埃及。希律死后，这一家回到拿撒勒，耶稣在那里长大，应该也在他父亲的木工坊里干活，直到三十岁开始公开传道。

耶稣生下来第八天就受了割礼，并且每周的安息日他要到当地的犹太会堂敬拜上帝。在逾越节这种特殊的节期，他有时也会被带到耶路撒冷的圣殿。其中有一次，少年耶稣在父母踏上回家行程时，少年耶稣仍留在会堂里问犹太宗教领袖关于信仰的问题。这是耶稣从幼年到三十岁，由默默无闻崛起成为一个引起轩然大波的公众人物期间在福音书中所记载的惟一事件。所以作者一定认为这事意义重大。

耶稣受洗与受试探
Baptism and Temptations

> 耶稣让施洗约翰为他施洗,接着天父上帝与圣灵同证他未来的传道使命。通过在沙漠中受试探,耶稣的使命受到了全面试炼。

尽管在巴勒斯坦有许多"圣人"给人施洗礼,但施洗约翰与他们截然不同:他的洗礼是"悔改的洗礼",有预示的成分,预告世界末日。他告诉人们只有悔改并寻求上帝的宽恕才能避免即将到来的审判。

> "这是我的爱子,我所喜悦的。"
>
> 马太福音 3:17

耶稣受洗

施洗约翰是相当固执的。尽管许多人以为他或许是那位应许的弥赛亚,但他不是,他来到世上是为那位弥赛亚预备道路的。当耶稣出现在约旦河边要求受洗时,约翰感到惊奇,不愿意这样做。但耶稣坚持说:他理当如此。

当耶稣从水中出来,他看见天开了,圣灵仿佛鸽子降在他身上。有上帝的声音宣告耶稣是上帝惟

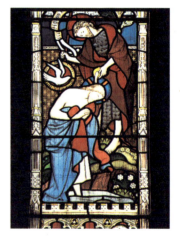

▲ 耶稣在受约翰洗之前劝说约翰,因为对于耶稣,在公开传道之前必须受洗。

一的儿子。这或许是对耶稣的个别启示,为他今后的传道生涯定下基调,确认他就是上帝,凸显出他就是弥赛亚。

耶稣受试探

福音书的作者们承认在耶稣受洗后,在他开始公开传道前这段时间,受到了魔鬼撒旦的试探。这场正义与邪恶的交战发生在耶稣禁食四十天后,当时耶稣的身体很衰弱。这次试探折射出与魔鬼的交战贯穿于他的整个传道工作,他在十字架上的受死是这种交战的高峰。这种死亡似乎是黑暗权势的顶点。

◆ 在第一个试探中,撒旦劝耶稣使用自己的神力来满足身体的饥饿。耶稣回答说,只有上帝口中所出的话才能真正满足人的需要。

◆ 在第二个试探中,撒旦企图唆使耶稣从圣殿顶上跳下去,因为上帝的天使肯定会保护他,但是被耶稣抵挡回去。

▼ 犹大沙漠。耶稣开始传道之前曾在这里禁食四十天,四十天后受撒旦试探。

◆ 最后，撒旦许诺如果耶稣放弃他特别的使命并向黑暗之王下拜，就把世上的万国都给他。

耶稣与其他自封"弥赛亚"的人迥异，因为他拒绝使用自己的能力来自我保存或统治世界。从最初他在马厩中的诞生，就让所有人看到：只有通过被弃、受难、死亡和复活，他才能完成上帝的计划。

没有人确切知道洗礼的惯例是源自何处。但我们知道，早在施洗约翰在约旦河边呼召人们悔改受洗之前，犹太团体已经使用洗礼来正式接纳新归信者。

门 徒
The Disciples

福音书中浓墨重彩地描写了耶稣挑选和训练十二门徒的故事。他们的经历表明了基督徒在努力理解耶稣和上帝的国过程中会经历到的高潮和低潮。

耶稣受洗后三年间（在公元27年到30年之间），耶稣在巴勒斯坦全地进行教导、传道、医治、牧养的工作。早期，耶稣就在身边招聚了一个小团体——十二使徒，当然还有更多的人形成了外围信徒圈，这其中也包括许多妇女。

门徒与耶稣

起初，以色列国是在十二支派的基础上建立起来的，而耶稣选择相同数目的十二门徒并非巧合。新的基督徒团体是"新"以色列。耶稣应许说，到末后的时候，这些门徒将坐在十二个宝座上审判以色列的十二个支派。各福音书中的记载各有侧重，但它们都写了一部分门徒被呼召跟随耶稣的过程。其中有两对在加利利海边的渔夫——西门彼得和他的兄弟安德烈，雅各和约翰弟兄二人他们在耶稣呼召后，就跟随了耶稣。在耶稣呼召马太——他有时也被称为利未时，马太正为犹太人所憎恨的罗马人收税。约翰在他所写的福音书中，记载了腓力及其兄弟拿但业对待耶稣的迥异态度。其余

> 如果我们愿意学习门徒生活的真正含义，真的愿意成为门徒，那么西方教会的局面将会彻底扭转，其结果对社会产生的影响将令人惊叹。
>
> 大卫·沃森 (David Watson)，英国圣公会布道家

大部分门徒的详情无从知晓,但其中有另一个称为西门的,是奋锐党。还有加略人犹大和多马,在耶稣钉十字架前后扮演了重要角色。

▲ 尽管耶稣多次清楚地预言自己的死,门徒几乎到耶稣生命的最后,都不能理解耶稣为什么会早早死去。《使徒会议》,出自《旧约圣经前八卷:基督和使徒生命的场景》,埃塞俄比亚,1744年。

门徒身份

耶稣向十二门徒和其他跟随者一次次清楚地阐明做门徒要付上的代价。首先,一个门徒的生活就是服侍别人的生活。耶稣在生命即将终结的时候端水为门徒们洗脚,这种无比谦卑的行为,清楚表达了服侍别人的道理。门徒生活是一个呼召,呼召人们学习耶稣的样式:人子耶稣把自己的生命献上为祭,做了多人的赎价。耶稣呼召人们生活中要有孩子般的信心和对上帝单纯的信靠。他告诉一个想成为门徒的富有的青年,只有那些愿意献上自己所有一切的人才能进上帝的国。

上帝的国
The Kingdom of God

> 上帝的国这个主题是耶稣教导中的重点。当耶稣向人们解释怎样才能进入上帝的国时，他扭转了那个时代许多既成的价值观。

马太告诉我们，使耶稣不同于其他律法教师（教法师）的是，耶稣是"带着权柄"教训众人。在马太、马可和路加福音中，耶稣教导的中心是上帝的国。

耶稣和上帝的国

在所有的四部福音书中，耶稣早期的传道生活和施洗约翰的传道互相联系，因为他俩都告诉人们"天国近了"。但耶稣比施洗约翰更进一步，他用自己的到来告诉人们，这个国度已经来临了。这个国度的"好消息"，是耶稣给予所有人的爱与平安，无论他是做什么的。

▲ 当耶稣为门徒洗脚时，他教导他们：服侍他人是上帝的国的中心。《基督洗门徒的脚》（约1390年），意大利画派阿雷佐（Arezzo）绘。

> **归入上帝的国**
>
> 上帝的国的大门以完全相同的条件向一切人敞开。宗教领袖被邀请进入上帝的国,有些人响应,有些没有。罗马士兵、税吏、妓女、撒玛利亚人、穷苦人也是同样。马太福音中耶稣的"登山宝训"论到"八福",描述了属于上帝的国的人身上的某些特点:"温柔的人有福了,因为他们必承受地土。"

耶稣关于上帝的国的教导中有两条线索:

◆ 这个国度在现今世界中是道德和灵性实在。当时犹太教的拉比教导说,一个人要通过背诵和笃信表达对上帝的信心的犹太教祷文《施玛篇》(*Shema*),才能成为上帝的国中的一员。但是,耶稣告诉人们:就在此时、此地预备他们自己,进入将要在地上完全实现的上帝的国。人们需要悔改,完全更新心意,这样,当福音——上帝对人类的好消息——到来时,一个人就能够承受上帝的国。

◆ 这个国度盼望上帝在一切受造物上扩展他上帝神圣的统治和施行公义。当耶稣开始公开传道,人们听到他急迫的话语:"日期满了,上帝的国近了。你们当悔改,信福音。"

耶稣的教导和比喻约有五十个是关于上帝的国。马太福音中用"天国"一词,——这只是表示敬虔的犹太词汇,与"上帝的国"并无区别。

神 迹

> 福音书中记载了许多异能。异能,是上帝的能力在耶稣身上工作的明显记号。教会的一些分支,如今仍在继续着耶稣医治病人的工作。

新约的四福音书和使徒行传,记载了耶稣和他的门徒行异能的众多事迹。从圣经的角度看,一桩异能就是上帝以非凡的方式,达到非凡结果的一个例证。新约圣经中使用三个词表达"异能"。

◆ "奇事"——会使旁观者产生敬畏情绪的超常的事件,因为他们意识到自己正站在上帝的面前。

◆ "征兆"——上帝正在地上工作的清楚证据。

◆ "大能"——上帝的力量与权柄的彰显。

大瘟疫、分开红海、在旷野为以色列人提供食物——旧约时代异能似乎很丰富。耶稣行的异能向人们证实,上帝现在通过耶稣以超自然的方式工作,如上帝在过去日子里的奇妙工作。

医病与当今教会

所有主流教会都教导说,人们能够为自己或他人祈祷灵魂体的"完全",因为这本是上帝对每个人的心意。五旬节宗和灵恩派教会举行特殊的医病仪式,人们按手在病人身上同时为他们得医治而祷告。这种教会把医病作为圣灵的一种恩赐。

神迹

耶稣行的神迹,公开宣告了他就是人们所盼望的弥赛亚,他是为宣告上帝的国而来。当施洗约翰的门徒问耶稣,他是不是那位应许的弥赛亚时,耶稣用自己行的神迹作为回答。

在新约中耶稣所行的众多神迹可以分为三个类别。

◆ 自然界的神迹,例如在水面上行走,平静风浪。

◆ 医治的神迹,例如治好盲人,医治既聋又哑的人等。

◆ 复活的神迹,例如使拉撒路复活,使寡妇的儿子复活等。

新约中伴随着这些的最大的神迹是上帝让耶稣从死里复活。

所有这些神迹的发生,几乎都与信心相伴,或者是这个人自己的信心,或者是别人的信心。比如,当一些人抬来一个瘫痪病人求耶稣医治时,耶稣看重的是他们的信心。

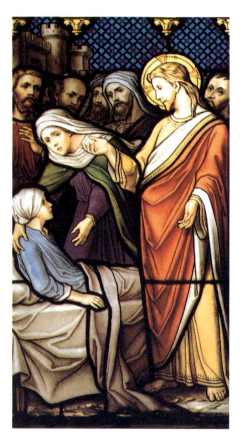

▲ 睚鲁的女儿复活。和当时其他大多数"行异能的人"不同,耶稣行神迹总有一个原因。

在耶稣的时代有许多所谓"行异能的人"。其中一位是犹太拉比白杜沙(Hanina ben Dosa)。据说他在第一世纪末治愈了另一个拉比的儿子。犹太法典《塔木德》中对此事的描述,很像约翰福音中耶稣治愈一个大臣的儿子的记载。

最后几日

> 耶稣与门徒一同吃过最后的晚餐后,被捕前,独自在客西马尼园中祷告。接下来的是三次审讯:第一次面对大祭司该亚法,第二次在犹太人公会面前,最后是在罗马巡抚本丢·彼拉多面前。

耶稣的教导和行动让当时的宗教领袖——特别是法利赛人和撒都该人很烦恼。他们尤其感到沮丧的是,耶稣宣称自己是他们的弥赛亚,于是他们设下一个圈套逮捕和审讯耶稣。

最后一夜

逾越节的第一日,耶稣和门徒享用了最后的晚餐,并给他们吃象征着自己即将来临的死亡的饼和酒。这样,耶稣为教会留下了以后数世纪中可以纪念、赞美他的死亡的两个象征物——饼和酒。

晚餐后,他们都去了客西马尼园。耶稣带着彼得、雅各和约翰同去园中祷告。耶稣祈求上帝,如果可行,就挪去即将来临的苦难,但是也祈求上帝的旨意成就。祈祷完,他的一个门徒,加略人犹大,领来一群守殿的兵丁,前来捉拿耶稣。剩下的门徒,包括刚刚还发誓说宁死也不离开耶稣的彼得,都逃走了,只留下耶稣独自一人。

> 耶稣回答说,你说我是王,我为此而生,也为此来到世间,特为给真理作见证。凡属真理的人,就听我的话。彼拉多说:"真理是什么呢?"
>
> 约翰福音 18:37-38

17

耶稣受审

四福音书对接下来的事件记载不尽相同。被捕后,耶稣被带到大祭司该亚法那里。耶稣拒绝否认自己就是上帝的儿子,被指控为"亵渎上帝"——这在犹太人中是死罪。然后耶稣被带到犹太人公会面前:公会是由约七十名成员组成的监管司法和宗教事务的最高议事院,但是如果没有罗马巡抚本丢·彼拉多的正式批准,公会没有权力宣判死刑。福音书记载彼拉多不愿意批准死刑,但是众人和恼羞成怒的宗教领袖说,如果他释放了耶稣,就不是罗马皇帝凯撒的忠臣。彼拉多最终判耶稣死刑,但是他洗了双手,表示杀这个人的罪不归在自己身上。

▼ 犹大带领圣殿的兵丁在客西马尼园中逮捕耶稣。《出卖基督》,尤高利诺(Ugolino di Nerio,卒于1339年,一说1349年)绘。

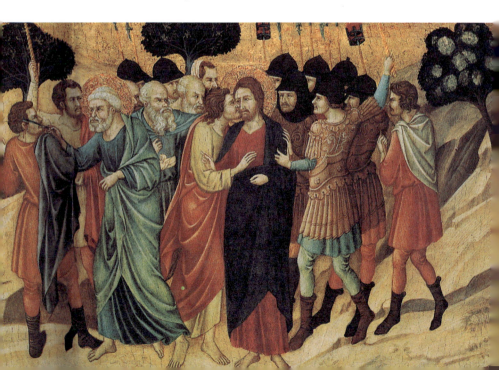

本丢·彼拉多

本丢·彼拉多公元26年至37年间任犹太省的罗马巡抚。同时代的评价显示,他是一个残暴的统治者,常常让犹太人觉得如芒刺在背。一次,他突然抄查了圣殿中的珍宝,人们一抗议,他就派去了军队,最终导致一场血腥的屠杀。有些文件指出彼拉多和他的妻子后来成为了基督徒,埃及的东正教会把他们奉为圣徒和殉道者。

◀ 凯撒利亚出土的一块石灰石质石板。其上的铭文是已知的惟一提到本丢·彼拉多的当时的物品。

耶稣的死
The Death of Jesus

> 耶稣在十字架上的死这一事件,对基督教信仰至关重要。表面上,一个给人如此之多应许的生命竟这样结束,似乎标志着失败。但是,对于基督徒,它标志着最终战胜了黑暗权势。

在行刑以前,耶稣和当时任何获罪的人一样,受到罗马士兵的鞭打。士兵鞭打他以后,把一只荆棘编成的冠冕戴在他头上,把一根芦苇当作王杖放在他手里,在他面前欢呼,戏弄他做了"犹太人的王"。他被带到各各他,就是髑髅地,执行死刑。

▼ 耶稣在两个强盗中间受死。其中一个认耶稣为将进入上帝的国度的王,他请求耶稣接纳自己。尽管耶稣正在十字架上受苦,他仍答应了这个强盗的恳求。《钉十字架》,丁托列多(Tintoretto,1518-1594)绘。

钉十字架

四部福音书栩栩如生地记载了耶稣在世的最后几小时。在去往各各他的路上,耶稣还需要旁观者古利奈人西门帮助扛十字架,可见他在被钉十字架以前已经精疲力竭。他被钉在两个犯人中间。罗马政权当时用严刑威慑的方法进行统治,因此总是将犯人钉在公开的地方杀一儆百。当时许多信徒跪在耶稣的脚边祷告,而罗马士兵却在为谁分得耶稣的衣物抓阄——这是他们干这种不讨人喜欢的工作的额外津贴。

▲《耶稣升天》,取自 11 世纪意大利手抄本《默想基督生平》。

福音书记录了耶稣在十字架上的最后七句话(十架七言):他求上帝赦免折磨他的人;他给了身边的一位犯人以鼓励;他让门徒约翰照顾他的母亲;他向上帝大声呼喊;他表达了对自己所受苦难的绝望;他宣告自己在世上的使命已经完成;最后他把自己交在上帝安全的保护中。

> 天上,地下所有的权柄,都赐给我了。所以你们要去,使万民作我的门徒,奉父、子、圣灵的名,给他们施洗。凡我所吩咐你们的,都教训他们遵守,我就常与你们同在,直到世界的末了。
>
> 马太福音 28:18–20

复活

根据福音书的证词,有数百人目睹了复活的耶稣。在坟墓中三天之后,耶稣向抹大拉的马利亚、彼得、两个在走路的不知名门徒、加利利山上五百多人,还有剩下的十一个门徒等等众多人显现。这些显现发生在耶稣升天前四十天内。

耶稣"复活的身体"的确切性质只能留待推测,但我们确切知道一些最基本的变化,诸如:他的容貌发生了变化;他能够突然出现或消失。门徒们和其他信徒看见复活的耶稣后也发生了变化。

耶稣升天前,他命令门徒继续他在地上的工作,就是把福音的消息传遍罗马帝国,直到地极。他应许他的圣灵将给信徒完成这使命的能力。

五旬节那天
The Day of Pentecost

> 在五旬节那天,正如耶稣所应许他们的,门徒们领受了圣灵,基督教会也开始了它漫长的历史。

使徒行传(由路加福音作者路加所写),描述了在五旬节这天,耶稣的门徒们身上发生了怎样的事。当时门徒都聚集在一处,忽然从天上有响声下来,好像一阵大风吹过,又有舌头如火焰显现出来,落在他们各人头上。门徒们"就都被圣灵充满,按着圣灵所赐的口才,说起别国的话来"。当日有三千人受洗,基督教会诞生了。圣灵,在旧约中只存在于摩西、大卫这些特别的人身上,此时浇灌了所有信徒。

福音传开

一开始,彼得是新的基督徒团体的领袖,但他是正统的犹太人,似乎不能接受外邦人能与犹太人完全平等地进入上帝的国这个真理。彼得的继任者是保罗,保罗曾逼迫基督徒,但后来为传扬基督教的福音奔

教会成长

在教会早期,基督徒仍在自己当地的犹太会堂、或各自家中敬拜上帝。许多年之后,才建起专门用来敬拜的场所。压迫间歇地来到,尤其是当基督徒对罗马皇帝的反复无常毫无防备的时候。但无论如何,教会在这种信心的试炼中存活下来,并益加坚强。为了牧养不断增加的信徒人数,教会发展出更细化的组织,并任命主教负责正在成形的各基督徒团体。

23

波劳苦,笔耕不辍。保罗进行过三次辗转多处的长途布道旅程,写作了许多劝勉各地教会的信——其中一些被收录在新约圣经中。约公元 67 年,保罗在罗马皇帝尼禄手中丧生。彼得的生命也差不多在同一时间结束。

五旬节教会诞生后的一千多年,教会尽管并非始终团结一致,但都是合一的。第一次大分裂发生在公元 1054 年,接下去更多。最近一次普查中,发现有超过二万二千个不同宗派的基督教会。

▲ 五旬节那天,耶稣的门徒聚集时,圣灵突然降在他们身上,又有火舌落在每个人头上。《五旬节》,乔托(1267-1337)绘。

想想!我们这些几乎微不足道的人,居然有圣灵住在我们里面——和摩西一样,他是上帝的朋友;和大卫一样,他是蒙恩的王;和以利亚一样,他是大有能力的先知。

倪柝声,中国布道家

耶稣与初期教会

彼 得
Peter

在耶稣的传道生活和基督教会建立的早期,彼得的地位高过其他使徒和教会领袖。但他很难接受非犹太人与犹太人以平等的地位加入教会。

我们对于彼得的了解大多来自新约中的四福音书、使徒行传和彼得自己写的两封书信。耶稣称这位渔夫为"矶法","矶法"即希腊文的彼得,意思是"石头",并且他在门徒中显然被指定为领袖。据福音书作者的记载,彼得、雅各和约翰,是被耶稣带到客西马尼园里分享耶稣生命中最深本质的三个门徒。在凯撒利亚腓立比的境内,彼得承认耶稣是基督,但是很快,当他知道耶稣将要被钉十字架时,他又三次否认自己认识耶稣。

五旬节那天,彼得进行了一次有力的讲道,他宣告耶稣

▲ 因为耶稣对彼得的预言,彼得的画像常常带着天国的钥匙。《圣彼得》,威尼斯圣母大楼名匠(活跃于14世纪中期)绘。

> 你是彼得,我要把我的教会建造在这磐石上,阴间的权柄不能胜过他。我要把天国的钥匙给你,凡你在地上所捆绑的,在天上也要捆绑;凡你在地上所释放的,在天上也要释放。
>
> 马太福音
> 16:18–19

> （在哥尼流－彼得事件中）我们常常忽略彼得本人也转变了。这件事对于彼得是一次强烈的震动，就像旧约中的约拿一样：上帝的恩典没有边界，它能延伸到那些通常被认为是与此等爱无缘的人身上。
>
> 撒吉萨拉亚（R.S.Sugirtharajah，斯里兰卡神学家）

> **彼得的死**
>
> 我们没有独立的证据确定彼得是否真做过罗马主教。但是，我们知道传统上认为彼得是在公元64-68年，尼禄皇帝压迫基督徒时期被倒钉在十字架而死，保罗也在这次逼迫中殉道。

已从死里复活，耶稣就是上帝拣选的弥赛亚（基督）。彼得行的神迹是使徒中最有能力的；甚至连他的影子都能医治人。他在得到天上的异象后，接纳了罗马人哥尼流，把教会的大门向非犹太人（外邦人）敞开。他也是公元51年召开的耶路撒冷大公会议上的主要人物，这次会议就非犹太人在教会中的地位问题进行了辩论。

教会中的彼得

在罗马天主教会的历史与沿革中彼得是举足轻重的人物。这种说法源于罗马天主教会相信彼得是第一任罗马主教，即教皇，并且相信耶稣给了彼得特别的权柄，而这样的权柄可以传给教皇职位的继任者。

彼得被称为"大使徒"。他常被描绘成一位老人，胡须飘逸，戴着白色斗篷，穿着蓝色短袍，手持一书卷。他的标志物是一把钥匙和一柄剑。

保 罗
Paul

> 在过去的两千年中,保罗对基督教会的影响无可比拟。他不辞劳苦地各处传道、布道,他负责建立了多间教会,写下了多封书信,奠定了基督教信仰与基督教神学的道路。

根据使徒行传记载,司提反是基督教第一个殉道士。司提反被石头打死的时候大数人扫罗也在场,这位扫罗大肆迫害早期的基督徒。扫罗是一个法利赛犹太人,严守犹太教律法,师从著名犹太教拉比迦玛列,并是罗马公民。他奉大祭司之命前去大马士革捉拿基督徒,但在途中,基督亲自向他显现。天上比太阳还要强烈的光照瞎了扫罗的眼睛,耶稣的声音对他说:"扫罗,扫罗,你为什么逼迫我?"三天之后,扫罗在大马士革复明,他立即受洗。于是他开始传讲耶稣是上帝的儿子。从那时起,扫罗改名叫保罗。

保罗的遗产

从三个方面我们可以看到保罗留给教会的巨大遗产——他的布道工作,教会栽培,书信写作。

◆ 保罗约于公元45年开始了第一次基督教布道旅程,同行的还有巴拿巴。之后又在地中海沿岸进行了两次布道旅行,公元58年,返回耶路撒冷。

◆ 在保罗时代,基督教会迅速增长。

▲ 这本《法国祈祷文》的插图描绘了扫罗遇到耶稣的戏剧性时刻,巴黎,1407年。

基督教概况

保罗每到一个地方就在那里讲道,通常很快建立起新教会,并牧养信徒。因为这些信徒对基督教信仰知之甚少,大部分有异教背景,所以保罗花费很多时间教导他们。

◆ 保罗给教会和个人写过许多信,它们合称"使徒书信"。其中许多被收入新约圣经,但也并不是所有署他名字的信都是出自保罗之手。保罗的一些书信,比如写给罗马人的罗马书,篇幅很长并且建造了神学架构;而像写给腓利门的腓利门书就很简洁。由于保罗所享有的极大的权威,他的书信被保存下来,并在尽可能多的教会中传阅。这就是为什么当时的基督教会带有使徒保罗不可磨灭的印记。

> 当圣保罗的声音响起,向列国传讲福音,犹如巨雷上达,震惊寰宇。他的讲道是燃烧的烈火,一切都在这面前焚烧;是冉冉升起的太阳,霞光万道,光芒四射。怀疑在讲道中冰释,错谬在讲道中消散,真理昭昭在目,如同巨大的灯烛光照全世界。
>
> 锡耶纳的伯纳丁 (Bernadine of Siena,1380–1444),意大利圣方济各会修道士

▲ 保罗有两年住在以弗所,每天辩论和教导上帝之国的事。图中的以弗所剧场发生过由当地银匠煽动的骚乱,因为当地居民纷纷归信基督教,不再购买银质阿耳忒弥斯狩猎女神和月神的偶像,银匠们害怕盈利减少。

传说保罗在使尼禄皇帝的一个宠妃皈信基督教后被斩首。传说中也讲,从他血管中流出的不是血,而是奶。

圣 经
The Bilble

许多基督徒相信圣经是圣灵所启示的上帝的话语。甚至东正教更进一步宣称"福音书不仅是圣经,也是上帝智慧的象征和基督自己的形象。"圣经由两部分组成:旧约,这是犹太经书,表现了基督徒的上帝与人类所立的第一个约;新约,这是耶稣基督立的约,是上帝向以色列民的应许在耶稣基督里得以成就。

旧约的三十九卷书与犹太教经书篇目相同,但是排列顺序有异。在犹太教经书中,旧约分为律法书、先知书和著作。

新约二十七卷书在耶稣死后几十年间写成,其中包括四部福音书、使徒行传以及多封保罗等基督教领袖写给新教会和信徒的书信。

罗马天主教的旧约也包括一些成书较晚、重要性稍次的犹太经书。这些书有时在基督教新教的圣经中被单列出来,称作"次经"。

基督徒看待圣经有许多不同的观点。许多人相信圣经完全由上帝启示,即圣经的每一个字都是由上帝所默示的,因此完全无谬误。也有人认为圣经教导的是上帝永恒的真理和人灵性上的探索,但对圣经中事实的准确性持保留意见。

> 事实上,从前上帝选民所得的启示,与今天信徒学圣经时被圣灵的光照亮,二者之间没有割裂,是完全一致的。
>
> 特勒扎·卡瓦坎蒂(Tereza Cavalcanti,巴西大学教师)

基督教概况

迈克尔·基恩

▲ 欧洲黑暗时代（约为公元 476 年 –1000 年）抄写福音书的细致与创造性从《凯尔经》中构图精妙的首字母上可见一斑。

旧 约
The Old Testament

> 在全世界所有经书中,基督教的圣经是独一无二的,因为它完全囊括了另一个宗教——犹太教——的经书。基督徒称这些犹太教经文为"旧约",意味着旧约的主要目的是指向新约中发生的事件。

旧约各卷书的轨迹始于上帝的创造之工,追溯到上帝对人类的计划,止于上帝的选民以色列人翘首以盼他们的弥赛亚到来。

开端

创世记是旧约的第一卷书——一部关于**起初**的书。开头的章节讲述了上帝创造世界,亚当和夏娃,诺亚方舟。许多人认为这些是神话式故事,即使字面上不严密,仍有巨大的属灵价值。但书中关于上帝和人类的记载是真实的。

创世记的后半部讲述了亚伯拉罕

▲ 摩西在西奈山上接受刻着《十诫》的石版。Sucevita修道院的一幅16世纪壁画。摩尔多瓦,罗马尼亚。

基督教概况

> 你是从小明白圣经,这圣经能使你因信耶稣基督有得救的智慧。圣经都是上帝所默示的,于教训、督责、使人归正、教导人学义、都是有益的。
>
> 提摩太后书 3:15–16

及其后裔的故事,还有上帝与亚伯拉罕立约的故事。旧约的其余部分都在这个约的背景下展开。

旧约接下去四本书是关于摩西的故事。以色列人在埃及做奴隶,上帝拣选摩西带领以色列人走出埃及。这时上帝开始使以色列人组成一个国家:以色列国。上帝赐给以色列人诸多律法,包括史上最具影响力的法典——十诫;并且带领以色列人到达应许之地——迦南。上帝与以色列人立约,应许他们,若他们侍奉他,他将供应他们一切所需的。

先知与列王

旧约的剩下部分全景式展开了上帝与犹太人以及以色列之间暴风骤雨式的关系。这种关系在约书亚记、列王记上下和尼希米记一系列历史书中,以及以赛亚书、以西结书、玛拉基书先知书中作了详细描述,讲述上帝怎样一次次地要求自己的选民回转心意侍奉他。所有的王中,不论是好王还是坏王,包括大卫和所罗

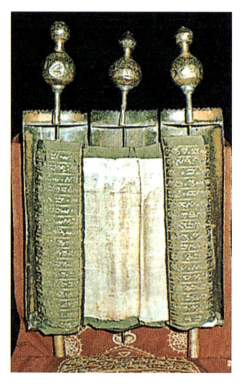

▲ 律法书,或称托拉书、摩西五经,是基督教圣经中头五卷书。

门,都不能尽如人意。公元前721年,王国的一部分落入亚述人之手,剩下的一部分在公元前586年巴比伦人占领耶路撒冷时也陷落了。先知们清楚地指出:犹太人受到惩罚,是因为无视上帝的律法,是因为行了拜偶像的恶事。

旧约中也包含着优美的文学篇章诗篇以及思想性很强的箴言、传道书、约伯记等。

新 约
The New Testament

> 新约包括基督教信仰奠立基础上的福音书、使徒行传和早期基督教领袖——特别是保罗所写的信件等历史文献。

新约文献可以分为四个部分。

福音书

马太福音、马可福音、路加福音、约翰福音等四部福音书讲述了耶稣的生平事迹。其中三本书——马太福音、马可福音和路加福音,又被称为符类福音书(Synoptic Gospels),因为它们使用了许多相同的材料,在叙述事件时也采用相似的手法。其中马可福音写作最早,写于公元65年,差不多正是彼得和保罗殉道的时间。另两本符类福音书写于约公元80年。第四部约翰福音使用了完全不同的写作手法,成书也稍晚些。

使徒行传

使徒行传描述了早期基督教会最初几年的历史。由路加所写,书中也记叙了路加陪伴保罗传道的一些经历。路加同时也是路加福音的作者。叙事从耶稣升天入手,然后是五旬节那天圣灵降下,结束于公元62年保罗在罗马被囚禁。这卷书的重点是保罗在整个罗马

> 新约正典(收入新约的书卷)是建立"信心法则"的书卷;其他书虽然可能很好,却不具这样的权威。
>
> 欧文·查德威克(Owen Chadwick),教会史学家

帝国的三次布道旅程，这三次旅程标志着羽翼未丰的基督教会的一次大扩展。

书信

新约许多书信署名是使徒保罗。虽然我们不能很确定到底有多少确实是他所写，但我们确实知道，保罗的信是新约中最早的文献，他所有信的完成时间都在第一部福音书写作之前。其余书信由早期教会领袖，如彼得、雅各、约翰所写。这些发往各处的书信中，用大量笔墨说明耶稣受死与复活的重要性，因为耶稣的受死与复活与基督徒日常生活经历息息相关。

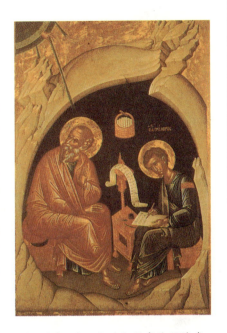

▲ 马太、马可和路加福音使用许多相同材料，但每位作者有独特的写作风格，行文也各有侧重。

启示录

圣经的最后一卷书启示录，高度象征化地叙述了世界末日的情况，是约翰在拔摩海岛上所看见的异象。

> 在福音书中有两类人是我的特殊朋友——骗子和傻子……我们的软弱与我们的罪恶，最能表明上帝的怜悯。
>
> 查尔斯·汉迪（Charles Handy），英国经济学家与管理顾问

正 典
The Canon

> 基本上,新旧约中的所有书卷,在各自被正式收录为正典之前,早已被视为权威。一旦被收录,它们就作为一个标准,以解决所有的关于信仰问题以及行事为人标准问题。

▲ 经卷的属灵权威性决定它们能否被收入正典。《Ebnerianus 抄本》正典目录的拜占庭式彩饰。君士坦丁堡,12 世纪初。

世界上各大宗教都有信徒认可的权威经文集。合集本身称为正典(Canon),这在希腊语中是"量杆"的意思。因此,圣经各卷书为基督教实践与教义提供了基准。

基督教经文的正典包括圣经中全部六十六本书。这些书卷以其公认的属灵价值受到人们珍视,从最初就被收录了。

旧约

到耶稣时代,绝大多数旧约正典的权威性已得到犹太人公认。新约中引用的各处旧约经文,在犹太或希伯来经文中都有预指。因为早期基督徒多是犹太人,他们对这些经文是相当熟悉的。最后确立犹太经典属于圣书范围是在公元90年的雅尼亚会议(Synod of Jamnia)上。但是直到约公元170年,"旧约"一词才得到广泛应用。

罗马天主教的旧约中也包含一些成书较晚的犹太人作品,这些作品是用希腊文而非希伯来文写成。这些作品有时被划分出来,称为"次经",即重要性次于希伯来文经书。新教的旧约圣经不含"次经"部分,但印刷时有时也会单列出来。

新约

新约的作者常常引用犹太经典中的经文,他们迫切地要告诉人们,旧约作者们早已预言了耶稣身上所发生的事。接着他们证明耶稣就是古时犹太众先知一直预言并盼望的弥赛亚。

保罗、彼得、约翰和其他教会领袖在耶稣死后数十年间写了许多信,这些信本来有特定的收信人,但人们在更大更广的范围里传阅它们,对其高度重视。毕竟,使徒是仅有的与耶稣有过直接接触的人。保罗,这个著作颇丰的使徒,本不是最初的门徒,但是因为他在大马士革路上戏剧性的经历,按照职分,也成为使徒中的一员。

人们开始收集流传的书籍与书信,这些书籍与书信很快就形成了"非正式的"圣经。殉道者查士丁(Justin Martyr,约100-约165)是第一个提出"新约"概念的人。第二世纪末,教会已认定我们今日新约圣经中的大部分书卷是"上帝所默示"的。公元367年,阿塔那修(Athanasius)——一位受人尊敬的教会领袖,排定了正典,其中包含二十七卷书。公元397年,迦太基大会也决定了同样的正典。16世纪,罗马天主教举行的天特会议正式认可基督教圣经正典。

> 正典——因相信是受到默示或启示,或因被指定,在一种宗教中被判定为有权威的一些书。在基督教中……决定这些书将被收入或排除是个漫长的过程。
>
> 牛津世界宗教词典

上帝之道
God's Word

> 改革宗教会主要建立在"惟独圣经的权威"这个信仰之上。而其他有些教会相信,虽然圣经是提供上帝默示的重要渊源,但是教会及其传统也具有权威性。

基督徒把神圣的权威性归于圣经,因为他们相信圣经来源于上帝。保罗在**被上帝吹气时**写下了这些作品。他还说道,没有人能明白上帝的事,除非上帝自己显明。

权威性

承认教会传统的基督徒认为,判断他们信仰和行为的最终权威来自三个方面:圣经、教会及其传统。

新教徒将圣经的教导奉为最高权威。其他所有权威只有在与圣经一致的前提下,才能被接受。自宗教改革以来这条最基本的教导,一直是改革宗教会的基石。

罗马天主教认为多少世纪以来,圣灵一直使用上述三种方式引导和带领天主教徒,教皇是罗马天主教会的代言人。

东正教会将教会传统的地位置于教皇之上,其权威性与圣经并列。

> 一个人听说圣经之所以有权威性,是因为圣经都是上帝默示的是一回事,但这个人因它的真理而心潮澎湃并心领神会是另一回事。
>
> 莱斯利·魏海德(Leslie Weatherhead),英国循道宗牧师

圣经是上帝之道

"上帝之道"这个词在基督教的敬拜中已根深蒂固。诵读圣经常常是敬拜的一个组成部分,敬拜开始与结束时都要诵读"上帝的话"。由于这一词组在不同的传统中显然含义不同,因此很难界定。

◆ 对于基要派而言,它意味着上帝说话,上帝的话语被记录在圣经中,这本圣书完全正确,绝无谬误。就是说整本圣经中都是上帝对人直接说的话。

◆ 对于福音派基督徒,它意味着上帝的话直接传达给人类,人类把这些话记录下来。人类用自己的语言记录上帝的话,有时并非尽善尽美。所以读者可以从作者的作品中感觉到他们各自的个性,但是圣经——上帝之道的权威性不容置疑。

◆ 对于自由派,它意味着各卷书的作者受到当时的态度与观点局限,许多教导今天不能接受。圣经含有上帝的话,但并非整本圣经都是上帝之道。

总之,基督徒对究竟怎样理解圣经不是很一致。但是他们公认圣经在敬拜中有突出且宝贵的位置。

▲ 公元四世纪希腊文圣经《西奈古卷》的一页,约翰福音 21 章。

使用圣经
Using the Bible

> 对基督信徒而言，圣经是获得灵感、教导与安慰的巨大源泉，另外，圣经在公众敬拜与私人敬拜中都发挥着主要作用。特别是福音派信徒，非常强调需要不断学习、明白圣经的教导。

几乎所有基督教礼拜中都要诵读圣经，教牧人员或平信徒的讲道都以圣经为基础。讲道，在所有教会仪式中占据主要地位，在新教教会尤其如此。

圣经用在公众敬拜中

圣公会和罗马天主教会在某段时间内，公众诵读大部分圣经已经制度化，需要宣读的经文已编入圣经选文集。多数圣公会和罗马天主教礼拜仪式中，宣读三种选文——选自旧约的、选自新约书信的和选自福音书的。旧约和书信中的选文通常由会众中的一人诵读，而福音书中的选文则由牧师宣读，以表明其重要性。在罗马天主教、东正教和一些圣公会高派教会*，为了

▲ 讲道是详细解释圣经经文的一次机会。

---

*高派教会：较一般教会更重视教会传统与礼仪的教会。——译者注

表明福音书是基督教信仰的基石,在宣读经文之前,人们列队将福音书护送至教堂中央。许多教会每周还有查经聚会。某些此类聚会和即将来临的节庆紧密联系,比如圣诞节、复活节等。但是教会的查经聚会贯穿全年,人们认真而系统地学习圣经。

个人的读经生活

大多数基督徒自己也用一些时间有规律地阅读圣经。熟悉圣经及其内容对于个人的属灵成长非常重要。可以使用不同进阶的研经指导书,它们可以解释经文,并为系统阅读圣经进行指导。基督徒常常进行小型家庭聚会式查经,彼此讨论圣经中传达的内容。

> 这种渐近和不断深化的学习过程清楚地说明,在拉丁美洲,人们不是将圣经作为知识或学术读物阅读,学习圣经是为了得到我们今天生活的意义。
>
> 埃尔莎·泰美(Elsa Tamez),墨西哥循道宗神学家

▲ 小组查经。今天基督徒常常在一起学习圣经,可以是自发的,也可以由教会安排。

基督教的信条
Christian Beliefs

当今世界,基督教教派间差异很大。但是仍有大多数人都承认的基本信条,比如信独一的上帝,这位上帝在世界以圣父、圣子、圣灵三位一体的形式表明自己;信耶稣是上帝的儿子,他通过受死与复活,战胜了罪的权势,现在所有人都有机会能得到上帝的赦免,并与上帝和好。

基督教的信条

许多基督徒将耶稣的一生视为伦理道德的榜样，他们也从耶稣对人类的完全的接纳中得到鼓励。基督徒因为基督的复活，相信当耶稣再来到世上时（第二次来临），身体最终也会复活。

早期基督教会起草了一些关于信仰的联合声明，称作"信经"。尽管这是试图界定不可界定的事，但是为了分辨异端，极有必要明确宣告**正统**信仰。众多信经中最久远又最洗炼的大概是公元390年写成的《使徒信经》。

> 上帝不是住在远离我们的奥林匹斯山巅。他与我们休戚相关。他曾降作婴孩，他曾饥饿，他曾疲乏，他曾受苦，死去。上帝就在这里，与我们同在。
>
> 图图（Desmond Tutu），南非基督教领袖

◀ 立陶宛一处山峦满山遍野的十字架。

三位一体
The Trinity

> 基督教信仰的核心三位一体是深不可测的奥秘,即圣父、圣子、圣灵三个位格一个上帝——父上帝,子上帝,圣灵上帝。

据说当年圣帕特里克(390-461)在爱尔兰传道,当他试着向人们解释基督教基本信仰时,他拾起一片三叶草来描述三位一体的概念。他说,就像一片三叶草上有三片相同的小叶,在三位一体的上帝中,有三个平等而又不同的互相依存的位格——三归于一,一中有三。

▲ 这是一片还是三片?
圣帕特克用三叶草来描绘上帝的概念——一个本体但以三个不同的位格出现。

三归于一

圣经中没有直接使用三位一体这个词,但有许多经文显示出这个观念。比如在耶稣受洗的记载中,上帝的三种位格同时出现:耶稣听到上帝来自天上的声音,并领受了圣灵为他未来的传道生活加添的力量。耶稣在地上的生命快结束时,他指示门徒奉"父、子、圣灵"的名为信徒施洗。

在这样的背景下,早期的信经形成了。信经中都强调:上帝的三个位格各以不同方式共同工作。

◆ 父上帝为万物的创造主。

基督教的信条

- ◆ 子上帝是赐世人生命的救主和救赎主。
- ◆ 圣灵上帝做成圣的工作,使人成圣。

创造主、救赎主、使人成圣者不是三个上帝,乃是一个上帝用三种方式工作。基督教信仰,正如它从中起源并发展的犹太教信仰,是严格的一神论。基督徒与犹太教徒相同的确信可以借用犹太教祷文《施玛篇》中的文字表达——"听啊,以色列:耶和华我们的上帝,是独一的主。"

因为在一神论的前提下有些难于理解三种位格,一些现代基督徒提出在同一位神中有三种精神、灵或能力协调地共存:父爱子,圣灵是联结它们的力量。还有基督徒认为上帝有三种角色的解释更明白些:上帝既是父、又是子、也是圣灵。

▲ 三位一体是基督教信仰的核心,同时它也是超越人类悟性的奥秘。《圣三一》,Jacopo di Cione(活跃于1362年,卒于1398年,一说1400年)绘。

> 从初到终、从上至下地充满所有人的圣三位一体,将它们紧紧联系在一起。
>
> 新神学家西蒙(949-1022),东正教会修道士、神秘主义者

道成肉身
The Incarnation

> 基督徒信奉"道成肉身"的教义,即耶稣是上帝的儿子,具有完全的人性,同时又保持了完全的神性。那么当耶稣被钉在十字架上时,自然,是上帝在亲自受苦。

"我信我主耶稣基督,上帝的独生子。"《使徒信经》中的这一宣告,完美地概括了基督教信仰——耶稣首先是上帝的儿子。

上帝的儿子

"子"这种说法被用来指上帝时,必须理解为一种暗喻,表明耶稣与上帝同质,他是人也是上帝,他最大可能地表达了上帝对人类的爱。耶稣是神成为肉身的上帝。

上帝的儿子来到世上,谦卑顺服地忍受痛苦与折磨。他是上帝对人类旨意与计划的完美典范。

基督的神性

《使徒信经》说到"我们的主",这是理解耶稣道成肉身的关键。对于基督徒,新旧约中常常提到的"主",不是指世上的君王,他们威风凛凛,权势赫赫,荣华富贵,但真正的主是拿撒勒人耶稣,他却是世人的仆人。正是上帝自己成为人,就是耶稣,取了人的肉身,具有

> 他本有神的形象,却不以自己与神同等为强夺的,反倒虚己,取了奴仆的形象,成为人的样式。既有人的样子,就自己卑微,存心顺服,以至于死,且死在十字架上。所以神将他升为至高,又赐给他那超乎万名之上的名……
>
> 腓立比书 2:6–9

▲ 基督徒总是惊叹上帝用人的样式表达自己。他在马槽中贫贱而默默无闻的出生,使得道成肉身越发不寻常。《牧羊人的跪拜》,伦勃朗(1606-1669)绘。

真正的人性和完全的神性。这是基督教的又一个奥秘,新约中的一些书信也如此承认。托马斯·阿奎那(1225-1274)这位天主教哲学家论述道:耶稣的道成肉身意味着上帝成为人,人类开始有份于上帝的性情。

基督教概况
迈克尔·基恩

救 赎
The Atonement

> 救赎意味着人类借着耶稣基督的降生、受苦、受死与复活,与上帝和好。

新约作者,特别是保罗,主要关注的不是道成肉身而是耶稣被钉十字架和他的复活。

耶稣之死

福音书大约用了百分之三十的篇幅叙述耶稣在被钉十字架前最后一周里的生活。保罗在书信中关注耶稣死的重要意义时,他使用了一些"意象"。

▼ 旧约时代人们献上无瑕疵的羔羊使他们追想自己如何得罪了圣洁的上帝。但直到耶稣献祭性的死亡,才一次并永远地除去了罪。《被缚的羊》(《上帝的羔羊》),苏巴朗(Francisco de Zurbaran)(1598—1664)绘。

◆ 保罗将耶稣比作每年逾越节都会献的无辜的羔羊。犹太人相信一只没有瑕疵的羊羔流的血可以使上帝赦免他们的罪。祭物是人为自己的罪,向上帝献上的赎价。但是,羊羔必须每年献一次,而基督一次被献上,就担当了世界上所有人的罪。

◆ 保罗描述了耶稣的死如何使罪的权势最终被战胜。耶稣的传道生涯是一场对抗罪恶权势的持久战,但是他的受死与复活却标志着他的最后胜利。从此,世人靠着对耶稣的信心,也能脱离罪与死亡的权势得自由。

◆ 保罗解释了耶稣的死如何救赎人类。由于人类嫉妒、纷争、毁谤、妄疑等等罪的行为,他们已将自己实际上"卖"在了撒旦手里,但是耶稣为人付上了赎价。当耶稣,这位无罪者死在十字架上时,他承担了所有世人的一切罪恶,罪就与他同死、同埋葬;当耶稣复活时,带回的是永生的盼望。

这些意象大多是从保罗的犹太背景来的。它们表达了耶稣作为赎罪祭的死,使圣洁的上帝与有罪的人得以重新联合。

耶稣复活

基督徒相信耶稣的复活最后完成了他在十字架上的工作。保罗明确指出,如果上帝没有使耶稣复活,那么耶稣的死就毫无意义。耶稣的复活将一切都打上上帝的印记:如果罪的权势不能将上帝的儿子封在坟墓中,那么这种权势对人类也没有最终的支配力量。

> 基督若没有复活,你们的信便是徒然,你们仍在罪里,就是在基督里睡了的人也灭亡了。我们若靠基督只在今生有指望,就算比众人更可怜。但基督已经从死里复活……
>
> 哥林多前书 15:17—20

圣 灵
The Holy Spirit

> 基督徒相信圣灵是三位一体的上帝的第三个位格,与圣父、圣子同为永存,并为同等。

圣灵是上帝的力量在世上的彰显。新约中圣灵与耶稣的工作紧密联系;耶稣向门徒应许赐下圣灵,所以五旬节那天圣灵降临在门徒们身上。使徒行传对圣灵降临的描述中强调了它为人们所感受到的能力:"从天上有响声下来,好像一阵大风吹过。"在场的每一个人面对上帝权能的如此展示无不震惊,敬畏上帝的心油然而生。

早期基督徒开始传基督的福音时,圣灵加添他们力量,使世界发生了天翻地覆的变化。他们心中也为上帝的爱所充满。不过也有许多人看到五旬节那天门徒领受圣灵后行事为人改变,并且说起各种方言,便认为他们是喝醉了。

▲ 基督教历史上信徒用鸽子代表圣灵——鸽子是耶稣受洗时圣灵的样式。《耶稣受洗》(公元526年之前,穹顶马赛克),阿里乌派洗礼堂。

圣灵的恩赐

在早期教会，信徒相信圣灵的恩赐能加固教会团契，能使他们在世人面前的见证更有效。这些恩赐包括：行异能、医病、做先知、说方言、翻方言和教导人。这些恩赐在20世纪后半叶兴起的五旬节宗教会和灵恩运动中有明显表现。

基督的身体

施洗约翰知道他是用水给人施洗，而耶稣是用圣灵给人施洗。圣灵的洗礼更有力，因为它意味着受洗的人进入新的生命：一个有上帝与之同在的生命。这个新生命的一部分就是成为教会——基督的身体中的一员。受洗的人相信当他听到牧师说"我奉父、子、圣灵的名为你施洗"时，他就受洗归入了这个身体。今天教会仍是基督的身体，绝大多数人也仍通过奉圣三位一体上帝的名受洗成为基督徒。

所赐给我们的圣灵将神的爱浇灌在我们心里……我们的软弱有圣灵帮助，我们本不晓得当怎样祷告，只是圣灵亲自用说不出来的叹息替我们祷告。
罗马书 5:5；8:26

圣灵所结的果子，就是仁爱、喜乐、和平、忍耐、恩慈、良善、信实、温柔、节制。这样的事，没有律法禁止。

加拉太书 5:22–23

信 经
The Creeds

> 信经是对信仰的宣告。最初的信经可在新约中找到痕迹，但是只有两个信经——《使徒信经》和《尼西亚信经》，在基督教的信仰中一直发挥重要作用。

我们需要回到新约寻找信经的源头。早期基督徒对于基督教信仰采用各种形式的著述教导年轻的信徒。保罗书信中留下了这些早期文件的踪迹，包括"耶稣是主"，"上帝叫主耶稣从死里复活"等等。

起初，这些信仰表白只在小范围内使用，但随着福音的广传，信仰表白也广泛流传开来。它们在教导那些希望受洗的人时特别有用。为洗礼作预备时，主教会"传递"这些简短的宣告，向希望受洗的人一句一句地解释。在洗礼上，受洗者要"复述信经"，表达他们个人对基督的委身。

信经的价值

从早期教会开始，教会就不断受到传播非正统观点的人冲击，这些人被称为"异端"。信经可以区分异端邪说，这样，必要时有可能把异端赶出教会。罗马天主教和圣公会教会承认的信经有——《阿塔那修信经》、《使徒信经》和《尼西亚信经》。只是《阿塔那修信经》过长，也过于条文化，不适合广泛应用。《使徒信经》可以

我信上帝，全能的父，创造天地的主。我信我主耶稣基督，上帝的独生子。因圣灵感孕，由童贞女马利亚所生；在本丢·彼拉多手下受难，被钉于十字架，受死，埋葬，降在阴间；第三天从死人中复活；升天，坐在全能父上帝的右边；将来必从那里降临，审判活人死人。我信圣灵，我信圣而公之教会，我信圣徒相通，我信罪得赦免，我信身体复活，我信永生。阿们。

《使徒信经》

追溯至公元 2 世纪,但直到 11 世纪它才成为今日所见的形式。《尼西亚信经》定稿于公元 325 年的尼西亚大公会议。罗马天主教、圣公会和东正教会的圣餐礼,还有东正教的洗礼中都使用《尼西亚信经》。

▲ 从最起初,耶稣的死就是基督教信仰的核心,这也反映在信经中。《作为怜悯形象的忧伤之子》,14 世纪,威尼斯。

传说耶稣的十二个使徒在一起列出了信仰的最主要内容——《使徒信经》。我们知道这一传说的可信性不大,但却给了这一信经极大的权威性。

教 会
The Church

> 新约教会是信徒的聚集,他们在耶稣的爱中联合,寻求在一块彼此分享。纵观整个教会史,教会一直都是由那些努力在地上继续基督工作的人组成。

一些人把教会视为基督徒聚集敬拜时的建筑物。另有一些人以为教会是从事诸如洗礼、婚礼、葬礼等此类典礼的机构。不过新约圣经清楚地表明教会是**人**。希腊文本新约圣经中,教会一词是"一群蒙召的人"之意。教会是上帝的选民,上帝呼召他们认识上帝、爱上帝并侍奉上帝。

新约从不同角度来描述教会的形象。例如,教会被描绘成"基督的身体",以基督为元首,不断长大成熟。教会也被描绘成"基督的新娘",与基督联为一体。最重要的是教会中有各式各样的人,他们有各式各

西方教会所面临的挑战

从20世纪后半叶开始,西方世界的传统教会人数大幅减少。最近几年有形的基督教会遭遇一股被称为"新纪元"的灵性运动或"新灵性运动"的强劲浪潮的冲击,许多人被席卷而去。许多人寻求新形式的被圣灵充满,他们不去成熟的教会,因为那些教会毫无吸引力。新纪元运动是许多不同追求的大杂烩总称,从形形色色的自我发挥的疗法的创造中心神秘主义到形形色色的神秘仪式,尽在其中,不一而足。西方教会所面临的挑战巨大而严峻,这与世界其他许多地区活泼的信仰形成鲜明对比。在那些地方,基督教似乎已成为人们最基本的生活。

▲ 教会是上帝的子民。教育可以帮各年龄段的信徒了解全部的基督教信仰。

样的缺点和不足。把他们联络在一起的,是基督。

《尼西亚信经》中这样形容教会:

◆ 独一性:可以有许多不同的教会,所强调的是,一个强大的属灵联合贯穿于所有教派。

◆ 圣洁性:"圣洁"一词的意思是"从世界中分别出来",在这个意义上,上帝是圣洁的。教会是基督在世上的物质临在,教会被创立以继续基督开创的工作。

◆ 大公性:即教会是个普世的群体,有同一信仰,可以容纳不同文化和背景的信徒。

◆ 使徒性:教会是在使徒时期建立的,教会的权威通过主教的接续传到今日。今日的主教与昔日的使徒有同样的职责——传道、教导、主持洗礼和圣餐等圣礼。

也并不是所有教派都承认这些信经,也不是所有信徒都相信使徒统绪,许多改革宗教会只接受圣经为惟一权威。

> 教会……不能只被简单看成一群有属灵经验的信徒,而是在生命中带有基督与人罪性争战性质的一群人。因此是一群解放者,否则,便不称为教会。
>
> 那瓦萨(Sabelo Ntwasa),南非黑人神学家

16世纪以来只召开了三次大公会议:特兰托特公会议(1545-1563),第一次梵蒂冈公会议(1869-1870)和第二次梵蒂冈公会议(1962-1965)。

圣母马利亚
The Virgin Mary

> 对马利亚的崇拜主要来自教会普通信徒,而不是教会领袖。人们在早期基督徒聚会的罗马地下墓穴里已经发现有马利亚画像,而到第三、第四世纪时已经发展成对她的明确敬拜。马利亚在罗马天主教、东正教和圣公会高派教会中特别受敬重。

在马太福音和路加福音的前两章关于耶稣诞生的叙述中,马利亚扮演了主要角色。但是后来虽然福音书中也有几处提到马利亚,基本上她已经隐身幕后。只有约翰福音里提到耶稣受死时她一直守在十字架下。

▲ 崇拜马利亚是东正教的一大特色。图为一位手持马利亚圣像在莫斯科街道上游行的俄罗斯信徒。

天堂的皇后

基督徒相信耶稣没有肉身的父亲,是由马利亚因圣灵感孕而生。这个信仰称作"童女生子"。罗马天主教认为马利亚接受孕育圣子耶稣时所表现的顺服,使她成为值得所有基督徒效仿的崇高榜样。她对上帝的忠心与信靠位列众圣徒之首。

东正教传统上称马利亚为 Theotokos,意为

> **马利亚显圣**
>
> 基督教历史上马利亚的异象可谓比比皆是,据说她向世界上许多信徒显现。比如,据称 19 世纪,她多次向法国小镇朗特的一个年轻的农村姑娘贝尔娜黛特显现。马利亚指给贝尔娜黛特的一眼泉水治愈了许多患者,这已为医学证明。1531 年在墨西哥的瓜达卢佩,据说马利亚显现给一个由异教归主的阿兹特克人胡安狄亚哥。马利亚命他让主教在这个地方建造一个教堂。为了说服他的主教,胡安狄亚哥把马利亚递给他的一支枯萎的玫瑰插在外衣里。当他在主教面前打开外衣,花瓣飘落成一幅鲜明的马利亚像。现在这幅图像被珍藏在新建成的教堂里,瓜达卢佩的圣母被称为美洲大陆的神圣女守护神。

"孕育上帝的人",毕竟,正是通过马利亚道成肉身才得以发生。她生下取了人的样式的上帝。对东正教信徒而言,马利亚是灵性世界与物质世界即天堂与世界的惟一联系。罗马天主教信徒也持有相同观念,他们称马利亚为"天堂的皇后",并把马利亚作为他们向上帝祈祷的中间人。

对马利亚的信仰

罗马天主教对马利亚持三点特殊的信仰:

◆ 马利亚是"无玷成胎"。15 世纪的大公会议主张马利亚出生时没有"原罪"(即由亚当、夏娃带入世界,并传给人类每一个成员的罪),所以她的成孕必定与其他所有人不同。这个信条在 1854 年的大公会议上被天主教正式接受。

◆ 马利亚受孕时是童贞女,并且她终生守童身,即马利亚永远童贞说。

◆ 她在生命结束时没有死亡,身体和灵魂都进入天堂。这就是天主教与东正教的基督徒都承认的"圣母升天"。在东正教会"圣母升天"的教导已经延续了几个世纪,而它正式成为天主教教义是在 1950 年。

死亡与永生
Death and Eternal Life

> 基督教各种教派的葬礼都反映出这样的信念，即死亡并不是终点；人死后灵魂不灭，肉体则在等待复活，享受基督用复活战胜死亡的胜利成果。

▲ 基督徒确信死亡不是生命的终结，因为基督死而复活了。《死者的埋葬》，出自《法国祈祷文》，梅特·弗朗索瓦绘，布列塔尼，1460年。

东正教视死亡为人类的悲剧，罪的后果。不过这种悲哀与希望相融合，烛光熠熠香气缭绕即表征着希望。葬礼上也会鼓励亲属穿越现今的死亡看到将来：那时人人都会从坟茔中复活，再没有死亡。那时候，无论活着的还是故去的人，都将重聚在上帝的国中。

天主教和东正教都为死者进行祈祷，祈求死者的灵魂最终能被上帝收入天堂。天主教徒相信炼狱——世界与天堂之间的一处地方，在那里灵魂会得到净化，准备进入天堂。而灵魂在炼狱的时间长短取决于活着的人的祈祷。这样的祈祷开始于葬礼前夜。是夜，灵柩将停在教堂。

新教徒认为不存在炼狱，但是

重生

基督徒肉体死亡时新生命开始。此外,圣经还教导说,当一个人成为基督徒时,他的新属灵生命即开始。在约翰福音中,耶稣告诉尼哥底母说:"人若不是从水和圣灵生的,就不能进上帝的国。"保罗在给罗马信徒的信中说:"你们向罪也当看自己是死的,向上帝在基督耶稣里却当看自己是活的。"在哥林多后书中,保罗还说:"若有人在基督里,他就是新造的人。旧事已过,都变成新的了!"

他们坚信死后仍有生命。在新教葬礼上,当死者的身体放入坟墓中时,他的灵魂也交在上帝的手中。葬礼中的祈祷和圣经诵读表明一个信念:一个人死后,他/她的灵魂即与上帝同在乐园中。每个人都盼望着世界的末了,这时每个信徒都会有一个"新的身体",与基督两千年前死里复活时的新身体一样。

大审判

上帝对人类的最终审判是贯穿于整本圣经的主题。那时,圣父上帝将显明人一生中所行的一切,各种善行与恶念无一错漏。

相信大审判将发生在基督再来,就是基督第二次降临的时候。罗马天主教教导说每个人死后都会有一次个人的审判,然后在基督第二次来临时进行大审判。

永恒的上帝,生命的主,胜过死亡的主,我们患难中随时的帮助,请安慰我们这忧伤的人,当我们面对死亡时,请赐下恩典。借着我们主耶稣基督,我们得以敬拜你,得以有永生的确切盼望,得以完完全全信靠你的慈爱与怜悯。阿们。

摘自循道宗葬礼

死亡是通向自由之路的顶级庆典。

朋霍费尔1905-1945),德国信义宗牧师

基督教概况

教会的分化
From One Church to Many

基督教会在数个世纪中基本上是合一的。尽管在诸如"允许非犹太人进入教会"这样的问题上会产生分歧,但是这些不同意见,没有破坏源自于使徒们五旬节经历的教会合一。

教会的分化

当东方和西方教会形成各自不同的信仰与敬拜模式时,表面的统一已经掩盖不住暗藏的紧张关系。11世纪时,当双方不能就教皇的权柄和《尼西亚信经》的遣词用字达成一致时,无可挽回的分裂产生了。西方天主教和东正教分道扬镳。

几个世纪以后,天主教的根基又被宗教改革运动摇动,新教由此兴起。接踵而至的是一系列小规模分裂,形成了圣公会、信义宗、循道宗、浸信会等等教派,不一而足。最终打破了建立大一统教会的企盼。

> 教会的分裂妨碍了人们接受耶稣基督的福音。
>
> 图图(Desmond Tutu),南非基督教领袖

◀ 罗马尼亚一东正教堂的献祭仪式。

大分裂
The Great Schism

基督教会在最初的五百年里,一直处于罗马教皇的统治下。但是教皇的权威越来越受到以土耳其的君士坦丁堡为中心的东方教会的挑战,最后于1054年发生了东西方教会的大分裂。

> 如果罗马教皇可以随心所欲地从宝座上站起来,从空中向我们扔下一纸谕令;如果他可以不用问我们一声就随心所欲地向我们兴师问罪,甚至指使我们的教会,这算哪种兄弟之情?他又算哪类父亲?
>
> 一位东正教主教,1136年

罗马帝国没落于第五世纪初叶,基督教会的权力也随之由西方转移到东方——从罗马移到君士坦丁堡,东西方教会的隔阂也随之加深。东方教会很少有人能读懂西方教会通行的拉丁文,而西方教会也没什么人能读懂东方教会使用的希腊文。东方教会的神职人员和平信徒受教育程度都很高;而西方教会,只有神职人员受过文化教育。

▲ 1054年教皇利奥九世开除君士坦丁堡的教长克罗拉里奥(Keroularios)的教籍。《希腊先知智者利奥》,15世纪。

决裂

11 世纪,矛盾上升到顶点。教皇利奥九世执意派一个西西里的新主教到东方教会,君士坦丁堡的教长克罗拉里奥被彻底激怒。这位教长的回答是关闭君士坦丁堡所有西方教堂,赶走其中的神职人员。教皇派遣代表,红衣主教亨伯特·德·西瓦坎迪得(Humbert de Silva Candida),与教长会晤,谈判破裂:最终以教皇代表将教长及其整个东方教会开除教籍收场。1054 年 7 月,红衣主教亨伯特旋风一般地刮到君士坦丁堡的圣索菲亚大教堂,把教皇的开除教籍令掷到圣坛上——尽管三个月前,始作俑者教皇利奥四世已经作古。自此,教会彻底划分为罗马天主教(意为"大公的"、"普世的")和东正教(意为"正统的")。

▲ 君士坦丁堡的圣索菲亚大教堂。教皇的谕令在此递交,正是这一纸谕令切断天主教和东正教联系。东罗马帝国皇帝查士丁尼一世建于公元 537 年。

罗马天主教和东正教的信条仍有众多相似之处:都接受七种圣礼(圣餐礼、洗礼、坚振礼、告解礼、授职礼、临终膏油礼和婚礼),采用主教制的教会架构*,崇拜圣母马利亚,尊重圣经与教会传统,谨守教会

---

* 教会在历史的发展上出现三种主要体制:主教制(Episcopal)、长老制(Presbyterian)、会众制(Congregational)。以罗马天主教的主教制为例,结构为: 教皇——至高权力;红衣主教——监督某个地理范围内的教会;主教(司铎)——办理教务;神父(司铎)——有权施行圣礼。

节期和圣徒纪念日。

  但是关于最高权威,或者说关于罗马教皇的争议是个根本性问题,无法轻忽。所以东正教一直力图在不承认教皇至高权威的前提下,在教义和信条问题上,根据"荣誉优先原则"承认罗马教皇的至高权威。

罗马天主教

> 罗马天主教是世界上最大的基督教教派,占基督徒总人数的百分之六十。它自信代表了可追溯至使徒时代的基督教最初形式。

罗马天主教徒相信罗马主教,即教皇,是第一任教皇使徒彼得的直接承继人。天主教也坚持它所有的信条都扎根于耶稣和使徒们的教导以及后来的教会传统。但教皇的权柄问题最终引发了 1054 年的大分裂和 16 世纪的宗教改革。

21 世纪初*,天主教内部的神职人员与平信徒之间发生了一场大纷争。教皇约翰二十三世召集的第二次梵蒂冈公会议(1962–1965)大大推动了天主教与其他教派及信仰间的接触,天主教内虽然进行了许多改革,但却丝毫未触及教会的核心信仰。1978 年当选的教皇约翰保罗二世虽四

▲ 16 世纪宗教改革以来天主教教堂内部几乎没有变动。

---

* 应为 20 世纪初。——译者注

▲ 第二次梵蒂冈大会决议产生影响的主要是礼拜的形式和性质。

处出访，可他任期内的作为极其谨慎保守，第二次梵蒂冈公会议上许多愿望未能实现。

走进天主教教堂

天主教教堂中充满了象征符号。教堂入口处的圣水钵中盛有圣水，每个参加礼拜的人进入教堂时都用它在身上洒下"十字架的印记"。入口的正前方盛着婴孩洗礼用水，婴孩洗礼标志着这个孩子成为基督教会的一员。

苦路十四站

一个天主教教堂的墙上挂有十四幅耶稣受难像，称为"苦路十四站"，它们描述了耶稣在被钉十字架的路上停留过的地方。四旬斋期间的仪式会让信徒顺次瞻仰这些受难像，并想像自己亲身到耶路撒冷进行了一次朝圣之旅。

传统上，圣坛——教堂中最神圣的部分，应置于教堂东墙下，但第二次梵蒂冈会议颁布教令说圣坛应该向前挪，这样举行弥撒时神父可以面对会众。圣坛一边的圣龛盛有代表圣体和宝血的饼与酒。由于圣母马利亚在天主教礼拜仪式中起主要作用，教堂中至少会有一幅马利亚像。其他地方还有象征上帝之光的祈祷烛，由每个人在开始祈祷前点亮。

"罗马天主教"这个名字是非天主教徒用来称呼处在罗马教皇管辖下的西方教会。这一名称为宗教改革的产物，16世纪后期开始使用。

东正教
The Eastern Orthodox Church

> 东正教认为自己代表基督教的最初形式,而不是罗马天主教。全世界有许多称作东正教的教派,都是独具本国特色。

主要的东正教会是希腊东正教、俄罗斯东正教、亚美尼亚东正教、科普特和叙利亚东正教。

东正教教会传统

东正教非常强调教会传统。"圣传"是指通过先知、先祖和耶稣本人传下来的上帝的启示。在整个基督教历史中这种圣传包括圣经经文、信经(一般是《使徒信经》)、早期教会的前七次大公会议、早期教父的作品和圣像的使用等。人们相信圣传是圣灵启示的,因而是来自上帝的。

俄罗斯东正教

自1697年延续至1878年的俄罗斯与奥斯曼土耳其帝国的战争,使得俄国版图逐渐扩张。因此,俄罗斯在东正教中地位渐渐提高,自称为"第三罗马"。与此同时,东正教在斯拉夫和东地中海国家也有强大势力。但到1917年,俄国十月革命期间,俄罗斯东正教受到大规模镇压。数以千计的修道院和教会被接管,20世纪20年代初,成千上万的神父、修女和平信徒被处以极刑。但是教会幸存在普通信徒们心里,直到20世纪80年代苏联解体,开始有了宗教自由。但是许多俄罗斯东正教基督徒仍然不相信官方教会,指控它与政府勾结。直到今天,一些俄罗斯东正教神父仍选择秘密礼拜,不愿让会众屈从于政府的条条框框,以及官方教会的反对。

基督教概况
迈克尔·基恩

▲ 东正教的神秘色彩尤其体现在分隔圣坛和会众的圣障上，圣坛象征着上帝的临在。

东正教高度依赖于教会传统，这表明东正教不能进行变革：变革无疑意味着背叛祖上遗传。这种观念可以从教会对待圣餐仪式的态度中清楚看出来。东正教的圣餐仪式从君士坦丁堡教长、神学家圣约翰·克里索斯托(St. John Chrysostom, 347–407)时起，一直沿袭至今，丝毫未变。每个东正教教堂不仅在特殊的节期和宗教节日举行圣餐仪式，而且天天都举行圣餐仪式，以此延续与早期教会的纽带关系。对于东正教徒，对耶稣出生、受死和复活的关注成了"透视天堂的一扇窗户"。

走进东正教教堂

东正教中的象征主义色彩比其他任何教派都浓重。教堂的四角代表四部福音书，穹顶象征天堂，地面象征世界。在规模较大的教堂，一幅基督——万王之王（"天堂、宇宙、世界的掌管者"之意）的图画铺满天花板。圣障是一面饰有圣像的隔板，将教堂内殿的圣坛与会众分隔开。圣障正中的王门只有神父在主持圣餐时可以通过。圣像是耶稣、马利亚或其他圣徒的画像，用来辅助礼拜。

> 教会传统是一种环境，让经文活现出来，是教会代代重新体验真理的过程。
>
> 提摩太·维尔(Kallistos Ware)，希腊东正教主教

宗教改革
The Reformation

> 宗教改革 16 世纪由马丁·路德在德国,由约翰·加尔文和乌尔利希·茨温利在欧洲其他地区点燃。这场运动的关键是:圣经为凌驾于世上一切权势的最高权威。

14 世纪的改革家如英国的约翰·威克里夫(1328–1384)和捷克斯洛伐克的约翰·胡斯(1372–1415),已开始质疑天主教会的权柄和其中的舞弊行为。这两个人都被判为异教徒,但是教会中许多人仍受这两人观点的影响。

马丁·路德

15 世纪,人们对天主教会的不满渐渐滋长,终于,在德国威登堡大学教书的一位奥古斯修

▶ 宗教改革运动主张圣经的权威至高无上。马丁·路德拒绝接受任何没有圣经根据的教义和宗教规条。《马丁·路德》,大卢卡斯·克拉纳赫(1472–1553)绘。

基督教概况

> 我希望圣经被译成各种语言……我盼望农夫可以在扶犁时高唱它，织工可以和着梭子的节奏哼起它，旅人用其中的故事消磨旅途的劳顿。
>
> 伊拉斯谟（1469—1536），荷兰人文主义学者

道院的修道士马丁·路德把反对教皇赎罪券的《九十五条论纲》贴于城堡教堂门上，矛盾变得尖锐了。他抨击天主教会兜售赎罪券以重建罗马的圣彼得大教堂（赎罪券是一张意味着人死后灵魂直接进入天堂的凭证）。1521年，路德被开除教籍。而路德抵制任何没有圣经根据的教义或宗教规条。

▲ 约翰·加尔文脱离天主教会，并为瑞士改革宗教会的建立作出贡献。日内瓦城的社会与宗教生活遵照圣经原则进行重组。《约翰·加尔文像》，瑞士画派（17世纪）。

西方基督教世界的分裂是必然的。1529年因为一群人抗议对改革者的压制，新教称为"抗议宗"由此而来。新教徒提倡圣经的权威超越任何教派或传统。

信义宗建立在路德的教导和信念之上。信义宗延及丹麦，很短时间内又传到挪威、瑞典，还作为政治改革的一部分横扫了这些国家。

约翰·加尔文与乌尔利希·茨温利

随着路德宗传至斯堪的纳维亚半岛，新教的另一种形式在瑞士发展起来。"改革宗"的主将是乌尔利希·茨温利（1484-1531）和约翰·加尔文（1509-1564）。茨温

利不仅论证了圣经是解决一切问题的最高权威,还宣称天主教许多行为,诸如崇拜圣徒、神职人员独身制、修道院制度、赎罪券和告解等等,全都是人的发明。1533年约翰·加尔文经历了一次属灵的觉醒,这让他斩断了与天主教的一切联系。他在奥地利萨尔茨堡逗留一段时间后,返回日内瓦采纳了宗教改革原则,并且根据所有的宗教与社会生活都应服从基督统治这一原则,组织了日内瓦政府,加尔文宗发展了加尔文的神学,而且在整个基督教中具有相当的影响力。加尔文强调上帝的超验性、人性的完全堕落和预定论,强调圣经与圣灵是惟一权威。

圣公会与信义宗
The Anglican and Lutheran Churches

> 圣公会(英国国教)与信义宗是最大的新教*教派。

16世纪英格兰教会从天主教中分离出来,当时的英皇亨利八世自立为教会元首,取代了教皇在此地的权柄。到亨利八世的女儿伊丽莎白一世时代,英格兰教会成为圣公会,并延续至今。

圣公会

由于英格兰教会向其他国家的传播,人们开始称之为"安立甘教会"或"英国圣公会"。今天,这个教派拥有超过七千万信徒,主要分布在非洲和南美。

尽管圣公会内部意见分歧很大,但1888年召开的朗伯斯会议还是总结出了四条圣公会的基本原则。

▲ 教皇不允许英王亨利八世离婚,亨利八世因此与之激烈冲突,并自立为英格兰教会元首。《亨利八世像》,小汉斯·荷尔拜因(1497/9-1543)绘。

---

* 即 the Reformed Church,又称改革宗教会。

◆ 圣经囊括了救恩所需的一切。

◆《使徒信经》与《尼西亚信经》是圣公会信仰的完整表述。

◆ 圣公会只承认两种圣礼：圣餐礼与圣洗礼。

◆ 有历史承续的主教制是教会的惟一组织形式。

尽管圣公会(英国国教)是新教教会,但是它强调举行圣礼多于传讲圣经。大多数新教教堂中最醒目的是讲道坛,但在圣公会却是圣坛。一些圣公会教堂在讲坛的诵经台上放一本打开的圣经,以此提醒人们它是新教教会。

▲ 马丁·路德的拉丁文圣经,页边留白处有他所作注释。

信义宗

信义宗源于马丁·路德的生活经历与工作,是新教在德国、丹麦、挪威、瑞典和冰岛的主要形式。它也传播至波罗的海诸国及其邻国,并通过德国与斯堪的纳维亚侨民远播至美洲新大陆。

信义宗的教义总结在 1530 年菲利普·梅兰希顿主笔的《奥格斯堡信纲》和路德自己的著作中。这些文件断言:圣经是信仰的惟一标准;人性全然败坏,人无法讨上帝的喜悦;上帝主动赐人救恩,是上帝的恩典;信心的回应表明得救的确据。

信义宗信仰深深地植根于家庭。在教会的敬拜中突出讲道、圣餐礼、洗礼、唱赞美诗和读圣经。教会为主教制,因此由众执事管理。信义宗按立女牧师,一直热心大一统运动。

其他新教教会
Other Reformed Churches

从建立以来,浸信会已经成长为新教中最大的支派之一;卫理公会(循道宗)也是如此。救世军与贵格会也有很大影响。

1609年约翰·史密斯带领一批不赞同圣公会教义的人从伦敦出发,到荷兰的阿姆斯特丹建立了浸信会。顾名思义,浸信会把洗礼作为信徒归入教会的形式。横扫18世纪的英属殖民地美国,"大觉醒运动"——属灵大复兴,使得新英格兰州的浸信会大发展。美国现在有三千万浸信会信徒。19、20世纪,澳大利亚、新西兰、亚洲、非洲和南美洲的浸信会教会纷纷建立。

浸信会是坚定的福音派，认为圣经是所有属灵权柄的根源，每个地方教会都是通过水的洗礼而跟从耶稣的信徒的"聚集"。

循道宗

1729年约翰·卫斯理和查理·卫斯理两兄弟和其他一些同学建立了"圣洁会"，他们在牛津大学见面，祷告并学习圣经。他们为教会事务设立了一定规矩，因此被人们称为"循道者"。而今天的循道宗直到1791年约翰·卫斯理亡故以后才成立。卫斯理一直是圣公会牧师而终其一生。

卫斯理设立了巡回讲道人，又将信徒分类以鼓励人们在圣灵的帮助下过祷告的生活，并遵守一定的

▲ 约翰·卫斯理在长达50年的布道旅程中走过超过25万英里的路程。许许多多的人，特别是穷人，回应了他传讲的信息。他的布道大大改变了18世纪的英国。《约翰·卫斯理像》(1766)，纳撒尼尔·赫恩 (1718-1784) 绘。

◀ 宣读和讲解圣经是浸信会礼拜中最重要的特点。因此，在教堂上很突出讲坛。定期举行圣餐礼，其中常常请会众围在"主的桌"旁。

贵格会

贵格运动始于17世纪中叶,它的基础是乔治·福克斯最初阐述的四项宗教原则:人人内心都可发现上帝的亮光(即上帝的启示);每个人都可等候上帝对他们说话,因此无须牧师;敬拜中没有信经,也没有仪式;取消圣礼——洗礼与圣餐礼,因为生命本身就是神圣的。

规矩。他强调信主之后个人生活一定要圣洁。注重个人的转变和将信徒分类,是循道宗的两大特点。

▲ 音乐是救世军生活中的一个显著方面。在露天敬拜中歌手和音乐家占有突出地位,他们高唱赞美诗并传讲福音。

救世军

威廉·布斯和妻子凯瑟琳于1878年创建了救世军。救世军有强烈的社会责任心和严谨的福音派教导。救世军施行半军事化生活,成员穿着醒目的制服,要在"战争条款"(救世军信仰和原则的一份声明)上签名,敬拜在会议厅进行。一旦发生自然灾害,救世军会组织救援工作;他们照料刑满释放人员、酗酒者,向无家可归的人提供食物,资助病患者,建立学校、旅舍,还开办了颇有成效的寻觅失踪人口的服务。

救世军和贵格会是仅有的不举行任何圣礼的教派。

世界范围的基督教
Christianity Worldwide

迈入 21 世纪，人们破天荒地发现基督教的核心地带已经不在西方。如今，身处美国和欧洲之外的基督徒占三分之二。这在很大程度上要归功于 19、20 世纪西方基督教宣教活动的有效开展。20 世纪后半叶，许多国家获得独立，并重新评价它们与基督教信仰之间的关系。奇怪的是，这些国家的基督徒很少有人排斥基督教，尽管基督教似乎曾经扮演过压迫他们的角色。

▼ 非洲五旬节宗一些成员站在屋外，人们可以看到哥特式的门和瓦楞铁外墙。

基督教概况

迈克尔·基恩

> 基督差遣教会进入世界以先,先差遣圣灵浇灌了教会。今天仍要遵行同样的顺序。
>
> 斯托得(John Stott),英国神学家

信仰的本土化是基督教在许多地区持续增长的原因之一。当地的神职人员受到培训,并全权负责本国教会的管理。新的基督教象征和圣礼形式也发展了出来,这样的敬拜仪式可以更符合当地信徒的宗教与文化背景。但是在许多地区,由于不太正统的形式不断出现,也导致了教会数目的不断增加。

基督教的扩展
Expansion of Christianity

"所以你们要去使万民作我的门徒。"耶稣给门徒留下的最后话语是一个大使命,教会接受了这个大使命,基督教从中东的村镇一直传播开去,今天在人数上成为世界第一大宗教。

耶稣受死、复活、升天后,他的门徒足迹遍布万水千山,带领新门徒并教导他们这个全新的信仰。由于他们不肯认罗马皇帝为神也不拜罗马诸神,地中海沿岸的早期教会受到罗马统治者的迫害。许多基督徒殉道。

时值公元60年,基督教已经遍及罗马帝国的大部分地区,公元300年左右,亚美尼亚成为第一个正式的基督教国家。在罗马帝国之外的波斯帝国,这个新兴宗教成为一个大规模的少数派,特别是在约公元450年的时候,当

▲ 11至13世纪的十字军东征是西欧国家的联盟试图从穆斯林手中收复圣地而发动的一次次的主要以失败告终的尝试。蒂尔的威廉(约1130-1185)所绘的插图上,十字军在1098年用人头做炮弹攻打尼西亚城。

基督教概况

迈克尔·姜恩

▲ 耶稣会创建人圣依格纳修·罗耀拉（1491–1556）。耶稣会常常在艰险和存在敌对的环境下传播天主教信仰。《圣依格纳修像》，法兰西画派（17世纪）。

时基于君士坦丁堡教长聂斯脱利（Nestorius）的教导的异端聂斯脱利主义开始在那里出现后，聂斯脱利主义又传播至中国、阿富汗和印度。

公元615年波斯人攻占了耶路撒冷，很快基督教拜占庭帝国又将失地收复。然而除去1099至1187年十字军东征这段短暂时间，自公元637年阿拉伯穆斯林占领耶路撒冷，耶路撒冷就不再直接处于基督教的影响之下。

拜占庭帝国的首府君士坦丁堡于1453年被土耳其穆斯林攻陷，这个事件标志着古罗马–拜占庭基督教王国的倒塌。蒙古征服者，特别是在帖木儿统治时期（1336–1405），摧毁了中亚的绝大部分基督教团体，中国的基督教也凋零枯绝。

大复兴

18、19世纪间，基督教宣教士所处环境有了改善。这个时期的重要人物有在印度传道的威廉·克理（William Carey, 1761–1834）和在中国宣教的戴德生（James Hudson Taylor, 1832–1905）。到18世纪，信奉伊斯兰教的土耳其人已经停止对欧洲的侵略，欧洲经历了一段宗教上的革新和经

▲ 威廉·克理和全家在印度上岸。他的格言是"盼望上帝行大事，为上帝竭力行事。"人们将他视作现代宣教之父。

济上的波动,基督教开始向美洲、亚洲和非洲扩展。侨民与他们的基督教信仰一起散布开去,到1910年第一次世界宣教大会举行时,基督教宣教士的足迹已经踏过世界大半地区。20世纪早期,新教的宣教组织尤为兴盛。

基督教信仰成为美洲国家和南非的主流;大多数基督教国家在非洲中部成立;在澳大利亚和新西兰,基督徒也占大多数。20世纪末21世纪初,许多人开始认为,最需要福音化的是那些冷淡下去的西方国家。

> 宣教真正的顺序是:首先对关乎基督的事实有绝对清楚的理解,然后与众人分享,怀着感恩和敬畏之心将它传达出来,促使世人发问,而且要以每位听众都易接受的方式来回答。
>
> 约翰·泰勒(John Taylor),英国圣公会主教

基督教概况
迈克尔·基恩

北美洲
North America

> 在美国定期参加敬拜的人数远远大于其他有基督教传统的国家。信徒人数最多的教会是罗马天主教、循道宗和浸信会。

无论从何等角度说,北美都有非常虔诚的文化背景。美国信徒比例从 1783 年建国时的 15% 增长至今天的 60%,比较热心的基督徒在 45% 上下,而英国和欧洲其他国家只有不超过 10%。调查显示 90% 的美国人认为自己与宗教团体有关联。

▼ 敬拜的人群挤满了洛杉矶宽阔的水晶大教堂。

传统教会

近些年来传统基督教教派的信徒人数停滞不前,甚至开始下滑。罗马天主教因为拥有25%的北美人口而在信徒人数上独占鳌头。但近年,天主教许多信徒对教会关于避孕、堕胎和死刑等问题的教导提出异议,教会承受越来越大的压力。美国的罗马天主教也一直缺少愿意献身作神父的人,这种现状要归因于教会坚持神职人员的独身政策。

浸信会是美国最大的新教教派,信徒人数占全美的15%。各种循道宗人数加起来占到8%,信义宗占5%,长老会占3%。其他比较大的教派还有基督门徒会、圣公宗教会和联合教会。无怪乎G.K.切斯特顿把美国描绘成"一个有教会之魂的国家"。

新兴教会

20世纪美国教会生活的一大特征就是小型基督教团体的增长。印第安人教会有两万五千名信徒,他们来自好几个印第安部落。19世纪在英国建立的普利茅斯兄弟会有十万信徒。基要主义的美国浸信会号称信徒人数达到一百万。各种圣教会,诸如北美的拿撒勒人教会和自由循道会,宣称有七十五万信徒。但是增长最迅猛的是五旬节宗:黑人居多的基督上帝会有四百万信徒,神召会两百万,上帝会两百万。

> 美国,恰似圣保罗时代的雅典,非常虔诚。
>
> 爱德恩·高斯达 (Edwin Gaustad)

拉丁美洲
Latin America

拉丁美洲近期的两大发展,削弱了传统上罗马天主教对拉丁美洲信徒的控制。这两大发展是:解放神学的广泛传播和各类新教团体(以五旬节宗团体居多)的大量繁殖。

▲ 厄瓜多尔的科塔卡其镇天主教堂复活节游行的壮观场面。

过去拉丁美洲人一直认同天主教会,90%的拉丁美洲居民曾声称是天主教徒。拉丁美洲也曾拥有全世界半数以上的天主教徒。然而近年来有两大因素减弱天主教会对拉丁美洲二十七国信徒的控制。

解放神学

1968年在哥伦比亚的麦德林市召开拉丁美洲主教会议后,解放神学的影响力延及整个拉丁美洲。起初罗马天主教会对解放神学表示欢迎,因为部分拉丁美洲神学家和教会领导人受到马克思主义的影响,后来天主教会对解放神学产生了芥蒂。解放神学的基本论点是:教会应当注意反思,积极行动;要使穷人认识到保障社会正义需要采取行动。导致犯罪的不仅仅是人性的堕落,还有社会的不公正。因此基督徒有责任反对人性的堕落,反对社会的不公正,必要时可以使用武力。教会应当坚定地站在穷人一边,倡导人性上的拯救、灵性上的拯救和政治上的拯救是同一件事的不同方面。

▲ 秘鲁利马简陋的福音派教堂。

> 穷人,所谓的他者,向我们启示了完全的"他者"*。
>
> 古斯塔夫·古蒂尔雷兹(Gustavo uttierez),解放神学家

像其他国家一样,巴西和萨尔瓦多出现了由平信徒领导的、由十五至二十个家庭组成的小组,大家在一起学习圣经并将之运用在自己的生活中。截止1985年,仅巴西就有十万个这样的小组。他们鼓励成员们独立学习圣经,探讨改善生活状况的方略,这样自然削弱了罗马天主教会的权威。

福音派教会

今天拉丁美洲人口中声称仍忠于罗马天主教的刚刚超过50%。自20世纪70年代起,基督教福音派在拉丁美洲有长足的发展。今天已拥有一千八百万新教徒,其中75%属于五旬节宗教会。这种增长部分是由于外界(主要是北美洲)福音化的推动,但主要原因还在于拉丁美洲自身。

> 巴西的教堂建设一度迅猛异常,里约热内卢福音派教堂以每周五座的速度落成。

---

* 即上帝。——译者注

基督教概况

迈克尔·基恩

非 洲
Africa

> 20世纪60年代以来，基督教福音在非洲的传播速度惊人。不论是主流的大教派，还是数千个规模小得多的独立教会，信徒数量都在迅猛增加。

1990年，非洲总人口中有50%是基督徒，42%是穆斯林。只有大部分的次撒哈拉地区尚未触及基督教。马里和埃塞俄比亚等国有数千人信奉基督教。肯尼亚、刚果和莱索托等国总人口的70%是基督徒。

非洲的教会

基督教在非洲的迅速扩展主要归功于海外宣教士卓有成效的工作。1925年在非洲工作的海外宣教士有一万二千人，1980年已超过四万五千人，罗马天主教的成绩尤为突出。1960年非洲有二千七百万天主教徒，预计2010年这一数字将达到一亿两千万，这意味着将有10%天主教徒生活在非洲。然而许多国家的天主教会声明独立于罗马教皇，重大决策由当地教会首领作出。

▲ 科普特教会是基督教早期的分支之一，基本局限在非洲东北部。图为苏丹一个科普特教堂在进行仪式。

▲ 莫桑比克儿童主日学的孩子们在祈祷。

预计到 2010 年，在非洲的圣公会信徒人数将从 1960 年的三百万增加到二千五百万；非洲的东正教徒将从 1960 年的一千四百万上升至三千三百万。

各个教会不得不迅速改变态度以应付这种人数巨增的情况。教会神职人员的本地化成为当务之急，特别是重要位置应由本地人而不是外国人来担任。对罗马天主教来说，本地化尤为困难，但是 1960 年以来，情况已经得到大幅改观。非洲神职人员如今有相当的影响力，对全世界教会都造成了巨大震动，这点在 1998 年圣公会的朗伯斯会议上

独立教会

20 世纪最后二十年全球土著教会数目大幅增长。土著教会指住在某一特定地区，按语言划分而组成的教会。70% 的土著教会在非洲。截止至 2000 年，非洲有六百间此类教会，总人数超过三千万。然而这些教会中的许多神学教导并不严格。

表现尤为明显。传统的天主教教导常常与非洲文化相冲突,但如今罗马天主教会也需要认真考虑非洲居民在婚姻、离异、家庭生活和妇女地位等问题方面的意见了。

> 耶稣基督是组成教会的众弟兄中首生的,这个思想实际上(基督教信仰)与非洲的许多观念完全一致。
>
> 索耶尔(Harry Sawyerr),塞拉利昂新教神学家

▲ 肯尼亚的这栋小屋是典型的本土教堂,非洲的土地上遍布着千万间这样的本土教堂。

亚洲与澳洲
Asia and Australasia

> 全世界有 50% 的人口生活在亚洲大陆,这片大陆本该是传播基督教福音的肥沃地土,但是在这片土地上宣教一直极为困难。不过,还是有许多振奋人心的情况。

尽管基督徒在亚洲总人口中只占约 3.5%,但已经意味着全球 10% 的基督徒是亚洲人。

中国

中国政府在中国创立了两个官方教会:天主教爱国会和三自爱国运动。文化大革命结束之后,从 1979 年起,中国的许多教堂重新开放。1980 年,神学院获准招生,印刷圣经和其他基督教文献。中国目前的基督徒人数估计在三千万至七千万之间。

▲ 教会大多数的增长是通过小组。图为马尼拉的一个塔加路族家庭正在一同读经。

印度和巴基斯坦

有超过七千个外国差传会在印度工作,尽管近几十年来一些差传会的活动受到某些限制。大概每五十个印度人中就有一个是基督徒;

上帝似乎对亚洲特别耐心。这里幅员辽阔,历史悠久,文化丰富,人口众多。如此文化滋养出饱含深情的心灵,如此历史塑造了宽容忍耐的灵魂。辽阔的土地上培养了人们博大的胸怀。

宋泉盛(Choan-Seng Song),台湾神学家

澳洲

70%的澳洲人认同某个基督教宗派。但每周上教堂的人只占总人口的10%,而且这个数字正缓慢下降。去教堂的人中有一半属于罗马天主教,因为澳洲最早的侨民——爱尔兰的囚犯们带来了天主教,后来从意大利这些国家陆续前来的移民加深了天主教在澳洲的影响。

近些年来,新教影响日益增强,每周去教堂的人中上新教教堂的超过10%。

而在巴基斯坦,信徒比例只比印度略低一些。

东南亚

基督徒占越南人口的8%——大约是四百万人,其中90%属于罗马天主教会。福音派教会也很兴旺,有超过四十万的信徒。

我们对朝鲜教会的情况几乎一无所知,但在韩国基督徒超过一千三百万——超过总人口的30%。韩国

▲ 近年来,许许多多韩国人信仰基督教;汉城的纯福音中央教会是世界上最大的基督教团体。

有超过一百个教派和宗派,教派的分裂妨碍了教会的进一步拓展。

　　印度尼西亚是世界上最大的穆斯林聚居地,即使如此,基督教会也成功地在那里建立起来了。一千五百万人也就是总人口的12%,属于基督教会,其中有四分之一的是罗马天主教徒。

在汉城汝矣岛,由赵镛基带领的纯福音中央教会是世界上最大的基督教团体,号称拥有超过60万的信徒。

欧洲
Europe

> 尽管教会在世界许多地方都有令人振奋的增长,但在西欧形势并不乐观,从20世纪中期开始教会的出席率和信徒比例就大幅下滑。

第二次世界大战结束后,西欧教会的信徒就急速下降。欧洲只有不到10%的人定期去教堂,有迹象表明,人们不仅拒绝教堂里的宗教教导,也不听从其对个人和社会道德的谏言。

西欧

法国20世纪90年代的调查显示:80%的民众认为自己与罗马天主教有关联,但只有10%定期参加弥撒。

德国的官方数据显示:90%的民众是基督徒,其中两千九百万新教徒,两千七百万罗马天主教徒,福音派信徒估计有八百万。大部分新教徒属于路德宗十七个支流中的一支,或本国的改革宗。

90%的比利时和卢森堡人曾在罗马天主教堂受洗,但这两国的教堂出席率在过去二十年中显著下降。

据荷兰1989的人口普查,36%的民众属于罗马天主教,28%新教(主要信奉荷兰改革宗),4%来自其他宗教组织,32%没有宗教信仰。罗马天主教在荷兰的主导地位,使天主教成为那些要求教会在避孕和神职人员独身问题上改变姿态的人的箭靶。

东欧

由于第二次世界大战后苏联集团和西欧之间的铁幕统治于20世

世界范围的基督教

缤纷人文丛书

纪90年代结束,东欧的基督教会开始繁盛。但也有问题并存。1990年,俄罗斯取消了印刷、传播圣经和基督教文献的禁令,但却导致教派间的严重对抗。许多新教组织从西欧涌入,争夺新信徒,罗马天主教也设置了类似的主教管辖区,肢体间这样相争让很多人感到失望。浸信会是俄罗斯最大的新教教会。但是,这个国家传统的基督教守护者——东正教反对放任这些新兴宗教团体,它游说政府授权自己作基督教的惟一代表。

自从1978年一个波兰人出任教皇后,与东欧其他地区相比,波兰教会享有较大的自由。波兰天主教徒积极参与了团结运动,但是教会领袖比较保守,这种情况阻碍了教会的进一步成长。

▲ 俄罗斯和东欧国家对基督教活动的解禁并非没有任何问题。在一些国家中,东正教过去一直从与当局的合作中受惠,现在它发现自己受到挑战。图为罗马尼亚的一座小型东正教教堂。

> 对欧洲和北美宣教已是当务之急,因为正是这些国家整体上对人类和自然造成最大的伤害;无论行善还是作恶,它们的能力都更大;加之其自称基督徒,因而对福音见证产生的破坏更严重;更没有人性,更加违背天国的价值观,而且更难劝化。
>
> 巴拉苏里亚(Tissa Balasuriya),斯里兰卡神学家

从1920年,捷克斯洛伐克的天主教从罗马的统治下完全独立了出来:抛弃了神职人员独身,鼓励平信徒参与教会管理。主教不再由任命产生,而是通过选举,否认了"使徒统绪"的观点,也否认许多传统的天主教教义如原罪、炼狱和圣徒崇拜等。

灵性世界
Spirituality

灵性世界包括个人和集体生活的方方面面。希伯来传统强调灵性合一；另一方面，希腊传统则侧重于"渴慕"二字——不仅渴慕在现今世界中经历上帝，也渴慕在天堂中经历他。基督教灵性的这两个方面：融合与渴慕是相互联系的，它们使基督教具有了惊人的生命力和创造力。

灵性世界

既有如此重要性,基督徒就发展出多种多样的属灵操练方式,包括祈祷、默想、敬拜、朝圣和个人读经。基督徒内里的属灵生命虽影响到他们生活的每个方面,但在外人眼中仍稍嫌微末,因此本章我们可以从社会福利、道德,乃至绘画、音乐、文学及建筑领域看看圣灵在基督徒生命中的奇妙工作。

> 属灵操练是一种生活方式;也是一种跟从耶稣的方式。
>
> 普拉多 (Consuelo Del Prado),秘鲁天主教修女

◀ 埃塞俄比亚一个表现基督生平场景的便携手雕上色圣像。

95

基督教概况

门徒生活
Discipleship

> 耶稣在不到三年的公开传道生涯中,向人们传讲"天国近了",呼召那些听见并且对他传讲的信息作出回应的人,过服侍人的门徒生活。

在耶稣时代,想跟从宗教教师的人,都是选择最吸引他们的教师,然后投入门下。但是耶稣反了过来,他在挑选自己最亲密的十二门徒时,是呼召他们来跟从他。耶稣也对其他人作了整体呼召,人们可以自由选择接受,抑或拒绝。成为信徒包括心意的完全更新、对耶稣的完全委身,在福音书中,作者常描述这种"委身"为愿意放下一切人、一切事的心志。

青年财主的记载很好地说明了这一点。这个年轻人宣称从小就遵守了犹太教的一切诫命,而耶稣对他说:"你还缺少一件,去变卖你所有的,分给穷人,就必有财宝在天上,你还要来跟从我。"福音书的记载中,跟随耶稣的人"撇下所有的",包括工作、家庭和孩子。对于一些认为独身是为了上帝的名和上帝的国的人,成为门徒还意味着守独身。

属灵操练

基督徒灵命的外在表现——祷告、朝圣、敬拜等,可以使人更加接近上帝,也能使门徒生活更富意义。没

> 若有人要跟从我,就当舍己,背起他的十字架,来跟从我。因为凡要救自己生命的,必丧掉生命;凡为我和福音丧掉生命的,必救了生命。
>
> 马可福音
> 8:34–35

灵性世界

▲ 基督向门徒言传身教,他们需要有仆人的态度。《耶稣为彼得洗脚》,Ford Madox Brown（1821-1893）绘。

> 你们要彼此相爱,像我爱你们一样,这就是我的命令。人为朋友舍命,人的爱心没有比这个更大的。
>
> 约翰福音
> 15:12-13

有两个基督徒相同,基督徒成长的道路也不尽相同。在基督教里,不同的人会通过耶稣,经由不同的道路来到上帝面前,不同形式的祷告、敬拜、音乐,帮助人们走信心之旅。

登山宝训
The Sermon on the Mount

登山宝训涵盖了耶稣全部教导的主题。福音书中没有一处将基督徒生活本质属性讲解得如此明晰。

▲ 登山宝训充满了真知灼见与教导,它彻底颠覆了当时人们的态度。基督关于奸淫的教导就是一个例子。《行淫时被拿的妇人》,伦勃朗(1606-1669)绘。

福音书中的基督徒生活意味着作出跟随耶稣的决定,这个决定是个人性的,也常常需要付上很大代价,并将影响到生活的方方面面。它会改变各种关系,形成个人的价值观,使人们重新排列生活的次序,给爱增添新的涵义。这是自我实现的全新视角。

基督徒生活

耶稣在谈及基督徒生活时频繁地引用犹太律法(托拉),然后用自己的诠释加以深化。因此耶稣深化了《十诫》关于不可杀人的诫命,指出发怒也是违反律法;他改变了允许在特定情境下复仇的律法,指出所有报复行为都是犯罪;他又拓宽了爱邻舍的诫命,指出爱人如己也包括爱自己的敌人。

灵性世界

耶稣在一条被称为"黄金法则"的简洁命令中,总结了基督教的新律法——爱。他告诉门徒要想人怎样待己,就要怎样待人。

行为的改变

耶稣清楚地说明真正的基督徒生活也表现在道德和伦理上。他在登山宝训中举了两个例子:

◆ 奸淫——《十诫》中定奸淫为违法,但是耶稣越过字面意思进入问题的核心:若要遵守他的教导,一个人不仅要避免犯奸淫,甚至心里也不能动淫念。进入上帝的国是非常严肃的问题,无论为此付出多大的牺牲都不为过。

◆ 休妻——耶稣在这里好像是同意人在犯奸淫的情况下,可以休妻,虽然他在其他场合,清楚地说休妻违反律法。起码可以明确的是:通奸和离婚不应该出现在基督徒生活中。

> 所以无论何事,你们愿意人怎样待你们,你们也要怎样待人;因为这就是律法和先知的道理。
>
> 马太福音 7:12

祈 祷
Prayer

> 祈祷是基督徒与上帝最基本的关系,对基督徒生活至关重要。人们之所以能够祈祷,是因为借着耶稣基督,通向上帝的道路已被打通。在基督里,上帝被人认识,被人爱慕,被人渴望。

▲ 拉丁文 rosarium 是"玫瑰园"或"花冠"的意思,因此这串念珠称为"玫瑰经念珠"。罗马天主教徒使用玫瑰经念珠帮助默想上帝。

尽管在公共敬拜中祷告发挥着相当重要的作用,但私人祷告是基督徒灵性生活的中心。耶稣在登山宝训中教导门徒祷告时"要进你的内屋,关上门,祷告你在暗中的父"。

祷告中一般有三个要素:

◆ 感谢,因为在耶稣基督里,上帝使人与自己和好。

◆ 认罪,因为在耶稣基督里,上帝已经饶恕,并且在继续饶恕人类。

◆ 代祷(为他人祷告),因为在耶稣基督里,上帝已经宣布了对人类的计划。耶稣自己也鼓励门徒为他人向父祈求。

许多基督徒每天专门分出一部分时间,在读圣经和默想的同时进行私人祷告。

东正教基督徒常常借助圣像帮

默想

默想是许多宗教中都有的属灵行为,一些基督徒把它作为祷告生活的一部分。默想是默祷与出声祷告的结合。一些人读圣经中一段经文,通常是福音书中的一段,接着尽量设身处地地想像当时情境;这样能帮助他们对经文有更深感受,不仅调动他们的头脑,也调动情感。圣依格纳修·罗耀拉(1491–1556)特别推崇这样的祷告,至今它仍广泛使用在各种背景的基督徒中。

助祷告。圣像是按照固定格式描画的耶稣、耶稣的母亲马利亚或圣徒们的画像。圣像并不都那样写实,因为它们只是神圣世界的一个代表而已,所以圣像常被称作"透视永恒之窗"。

罗马天主教徒有时用玫瑰经念珠(一串念经时用的念珠)帮助自己默想耶稣生平的重大事件。福音派和灵恩派信徒常常充满平安地直接向上帝表达自己的思想,倾诉自己的感情,从不使用任何辅助物。

> 万福马利亚,蒙大恩的女子,主与你同在了。你在妇女中是有福的,你的亲子耶稣是有福的。天主圣母马利亚,求你此刻,求你在我们临终时,为我们这些罪人祈祷。阿们。
>
> 《万福马利亚》
> (《圣母经》)

◀ 聚在一起祷告可以让基督徒想起彼此的需要,并互相代祷。

许多基督徒使用下列三种特殊的祈祷文:
◆《主祷文》,见于登山宝训,是耶稣教导门徒们使用的祈祷文。
◆《万福马利亚》,罗马天主教使用的对圣母马利亚的赞美诗。罗马天主教常向圣母马利亚祈祷,希望得到她的帮助和代祷。
◆《耶稣祷文》,其中大量重复这一短句"主耶稣基督,上帝之子,怜悯我这个罪人",它与东正教传统有关。

有调查显示,不超过10%的人进行规律性的祷告,
但超过90%的人惊惶时或有巨大需要时会祷告。

修道院
Monasticism

> 基督教的修道传统可以回溯到这个信仰刚开始的几个世纪,但是直到第六世纪才形成修道士生活的一般方式。这一传统对基督教会做出了难以估量的属灵贡献。

一些早期基督徒想将自己完全奉献给上帝,因此他们仿效耶稣在旷野中的样式,走入沙漠过苦修与祷告的生活。起初他们是隐居者,但不久便组成了团体,被称为修道院。最初的一些修道院是建在希腊的艾托斯山上,至今那里还保留着二十多个修道士团体。

戒律

所有修士和修女一直都用圣本尼迪克(St. Benedict, 480–550)设立的戒律组织属灵生活和公共生活。戒律规定所有修士和修女过的生活应该是:

◆ 守贫的生活。耶稣让一个青年财主去变卖他

▲ 现存最古老的《圣本尼迪克戒律》抄本(英格兰,约公元700年)。图示这页写的是冬季应守的规条。

103

基督教首先不是一套神学理论，一种伦理体系，一套宗教仪式，一种社会制度或一系列组织结构，而是一个人——耶稣基督，成为基督徒就是认识他、跟从他、信靠他。

斯托得（John Stott），英国神学家

▲ 希腊圣尼古拉斯修道院属灵的与世隔绝表现在选址的偏远上。

入世与出世的修道会

今天大多数修道会是入世的。这意思是说，他们在本团体外工作，做各种看护职事，比如护理、教育。他们在一天结束后重聚，继续他们的属灵职责——祷告。另一些修道会保留出世的生活方式，就是说他们很少与本团体外的人联系。出世的修道会强调在团体里保持肃静。有时竟放弃工作与休闲，他们注重的是祷告、阅读和学习。

▶ 现代科技可以帮助修道士回溯几百年前的历史。

一切所有的再来跟从他。同样,那些进入修道会的人,必须用他们的资财造福整个团体。这样做的另一个原因是,大多数修道会在帮助穷人和有需要的人,如果他们自己不过同样的生活就太不合宜了。

◆ 独身的生活。修道会的成员不应该对其他人有强烈的感情寄托,因为,实际上他们已与上帝联姻。世俗的婚姻会使他们为上帝的国度尽忠的主要目标发生转移。

◆ 顺服的生活。进入修道院或修女院的人应该过完全顺服上帝旨意的生活,它表现在对团体领袖的顺服上。领袖是由修士或修女自己选出的,是他/她们中间生活特别圣洁的人。

基督教概况

圣徒、勇士、殉道者
Saints, Heroes and Martyrs

东正教和罗马天主教都在某些人死后尊崇他们为圣徒；而在新教中，虽然没有给殉道者和其他一些人以正式地位，但也视其为信心楷模。

> 主在他圣徒中的工作是奇妙的。
>
> 东正教格言

"圣徒"指的是圣洁的、分别出来服侍上帝的人，他们是所有信心之人的榜样。这个词可以用两种方式使用。

◆ "圣徒相通"一词认可整个教会即信徒团体，是由圣徒组成的。

◆ 圣徒是那些经过教会"追封圣者"仪式的人，追封圣者仪式正式认定他们一生的圣洁。在这个意义上，罗马天主教和东正教会专门设立纪念日，颂扬他们为教会作出的贡献。

东正教会中，许多圣徒都有圣像，在圣像里，他们不仅头上有代表圣洁的光环，而且面部发光，表示他们特别见证了上帝。许多基督教徒相信他们可以祈求天堂中的圣徒为自己代祷。耶稣的母亲——童贞女马利亚被视为众圣徒之首，因为她被拣选孕育了世界的救主、上帝之子耶稣。

勇士和殉道者

最初的殉道者是那些见证耶稣的生命与复活的使徒，但是基督教后来经历了多次逼迫，"殉道者"开始指为信仰而丧失生命的人。从第二世纪末开始,殉道者的忌辰(即他/她天国的生日)那天有礼拜式纪念仪式。很快,殉道者就被尊崇为天堂中大有能力的代祷者,他们的遗物受到珍视,围绕这些遗物又产生了纷纭的传说。

20世纪里许多人因他们的勇气与献身精神,得到了极大的尊崇。一些人为信仰而死,比如丧生在纳粹手下的天主教神父马克西米利安·科尔柏(1894–1941),他自愿代替一个被判饿死的年轻人受死;还有因为参与谋划刺杀希特勒,而在二战结束前几周被盖世太保吊死的信义宗牧师朋霍费尔(1905–1945)。

还有另一些人因他们的工作受到大家的尊敬和赞誉。印度加尔各答的特蕾莎修女(1910–1997)建立了仁爱传教修会,1948年她到达加尔各答给穷人的孩子上课,照料贫困无助的人。她建立的仁爱传教修会以其对穷人无私的爱和奉献而成为一个传奇。

> 圣徒就是让其他人更容易相信上帝的人。
>
> 索德布洛姆 Nathan Söderblom),乌普萨拉的信义宗大主教

▲《圣徒崇拜》(局部),Jacopo di Cione (活跃于1362年,死于1398/1400年)绘。

朝 圣
Pilgrimage

> 朝圣之旅是对圣地的朝拜，它是一种宗教献身的举动，可以是去忏悔，或者是还愿。

尽管在许多宗教中朝圣非常重要，基督教中却并非如此。但是，每年仍会有数以百万计的朝圣者访问一些圣地，至今仍然如此。

▲ 西班牙西北部城市圣地亚哥因为存有圣雅各的遗骸而闻名。

为什么朝圣？

在过去的几个世纪中主要是天主教徒在朝圣。朝圣者长途跋涉有以下几个原因：

◆ 得到上帝对他们所犯之罪的饶恕。比如中世纪英国的坎特伯雷成为许多朝圣者的目的地，因为据说他们到达那里后，罪就会被洁净，并且可以为炼狱中的朋友和亲属积得善功。

◆ 为感谢上帝的赐福，或要得到身体的医治。每年有超过两百万的朝圣者涌向法国的朗特，因为相信那里的泉水有特殊的疗效。

◆ 拜谒他们信仰中特别重要的地方。每年有成千上万的人到圣地巴勒斯坦旅游，特别是在圣诞节和复活

灵性世界

佛莱芒人的《约翰·曼德维尔爵士航海及旅行记》中徒步、骑马、乘船旅行的朝圣者，15世纪。

节假期，这样他们可以游览伯利恒、耶路撒冷和福音书中提到的其他地方。其他地方，诸如英格兰的沃尔星汉姆（Walsingham）、法国的朗特、爱尔兰的诺克（Knock）和葡萄牙的法蒂玛（Fatima）等这些和圣母马利亚显圣有关的地方，每年都迎来大批天主教朝圣者。西班牙西北部城市圣地亚哥据说埋葬了耶稣的一个门徒——雅各，因此从公元九世纪以来它一直是朝圣者的目的地之一。天主教一贯高度重视圣骨。圣骨是圣徒的物质遗迹，它们常常被供在教堂的主祭台上。

至于人们在这些圣地是不是真的病得痊愈，还不能武断地下定论。也许朝圣的主要目的是灵性的增长，还有在途中与其他朝圣者火热的交流。朝圣之旅对一些基督徒来说，确是他们灵程的宝贵经历。

> 如果我失去了住在我心里的基督，那我纵然漂洋过海寻觅他又有何意义呢？
>
> 托尔斯泰（Leo Tolstoy,1828-1910），俄国小说家

基督教的朝圣始于公元四世纪，罗马基督徒皇帝君士坦丁大帝的母亲海伦娜在耶路撒冷发现了那三个十字架的残迹，因为无法确定哪个是耶稣被钉的十字架，所以传说他们把它们依次一个个地放在一个患病女子的身上，直到其中一个让女子痊愈——这个就是基督的真十字架。自此，圣骨、圣迹成为天主教崇拜仪式的重要部分。

绘 画
Art

> 最早资助艺术的是基督教会，因此理所当然地，绘画与敬拜仪式总是紧密联系，同时基督教主题也引发了许多世界杰出画家的灵感。

从早期基督徒聚集在罗马的地下墓窟逃避残酷的逼迫时起，绘画就与基督教敬拜仪式密不可分。那时保存下来的众多壁画中用一只鱼或年轻的牧羊人代表基督，船代表教会，孔雀代表永生，锚代表希望。这就是最早的基督教绘画。

从撒克逊时代（公元五六世纪）开始，描绘圣经场景和圣徒生平的岩画开始用来装饰教堂。同时代的木刻画，还有刺绣、法衣和遮挡主祭台的帷幕等早已朽坏，但岩画却幸存下来。

绘画与信仰

宗教题材的绘画贯穿了整个中世纪和文艺复兴时期，因为千百年来，基督教会一直是绘画惟一的主要赞助者。起初，画家们不愿意表现基督被钉十字架时极大的痛苦，这关过了以后，表现耶稣最后的受难过程就成为一个挥之不去的艺术题材。当耶稣受彼拉

▲ 圣普里西拉的地下墓穴中的壁画，画上是抱婴孩的圣母马利亚和一位先知。

多审判、受士兵鞭打、赤身露体、羞辱、苦楚等一幕幕都被生动地描绘出来之时,观众的情感也随之跌宕起伏。格吕瓦尔德绘于 16 世纪初叶的《耶稣受难图》和萨尔瓦多·达利的《圣约翰的基督殉难》(1951)之间有明显的联系,后者是一幅表现基督为全世界而死的油画。

圣肖像

在东方,绘画对宗教的表现通过圣肖像这种独特形式保留下来——圣像是在木头上绘制的相当脸谱化的圣家族、圣母马利亚或圣徒。圣肖像在宗教绘画中独占一席,它用在祈祷中,可以激发信徒属灵的虔诚。

彩绘玻璃窗

许多教堂都饰以彩绘玻璃窗。中世纪时,人们觉得玻璃非常神奇甚至神圣。玻璃匠可以把最廉价的泥土幻化成这种坚硬透光的物质。玻璃透明的特质使玻璃如此特殊。在宗教词汇中,光明代表圣灵的品质,因此玻璃成为理解属灵主题的理想介质。在大多数人没受过什么教育的时代,彩绘玻璃窗也成为一种很好的视觉教材。

▲ 为罗马天主教一间大教堂设计的彩绘玻璃窗上也描绘了一些近代圣徒。

> 我们需要艺术家不仅告诉我们:我们是谁;也告诉我们:世界是什么。
>
> 维罗尼卡·布兰迪(Veronica Brady),澳大利亚作家

画家常常给基督穿上各自所处年代的衣物,使事件看上去似乎就发生在现在。英国画家斯坦利·斯宾塞爵士 1920 年所绘基督背十字架走过库克汉姆村的画中,画了一些在一旁围观的当地人。

音 乐
Music

> 音乐一直是在基督教敬拜中不可缺少的一部分,包括圣诗、无伴奏单旋律圣咏、颂歌圣乐,还有泰泽祈祷歌咏的现代音乐以及其他各种形式。

旧约中收录在诗篇中的 150 首赞美诗不仅在犹太人的圣殿和会堂中吟唱,不仅早期基督徒使用它们,直到今日,基督教敬拜中仍广泛使用诗篇,就像格利高里无伴奏清唱和泰泽祈祷歌咏一样。在本尼迪克会修道院的传统中,轮回唱不同的赞美诗是每日敬拜的中心内容之一。

▲ 许多传统的教会事工中,唱诗班担负主要任务。

新歌

赞美诗为世界上的美景向创造主唱出赞美的心声,却不提及特别向基督徒启示的关于耶稣的生活、受死和复活。基督教早期就产生了拉丁文的 *Te Deum Laudamus*（《赞美你,上帝啊》）:"赞美你,上帝啊,我们尊你为主……你是荣耀的上帝,基督啊。"它至今仍在敬拜中使用。16、17 世纪间出版了新的赞美诗集,此后艾萨克·瓦茨（Issac Watts）谱写了第一首英文赞美诗。他最著名的作品是《奇妙十架歌》:"我心仰望十字宝架……"*

查尔斯·卫斯理（1707-1788）对赞美诗范围的拓展做出了很大的贡献,他一生谱写了六千多首赞美诗,其中有许多至今仍广为传唱。几乎在同一时期,悔改信主的奴隶贩子约翰·牛顿（John Newton,1725–

▲ 萨凡纳一间非洲浸信会教堂中使用感人至深的歌词和富于表现力的乐曲,美国佐治亚州。

美国黑人灵歌

美国的黑人奴隶们发展了他们自己的音乐形式,在基督教主题中融合进非洲音乐的节奏感。这样的"灵歌"在痛苦黑暗中表达出感人至深的喜乐、盼望。黑人神学家詹姆斯·科恩（James Cone）在《灵歌与布鲁斯》中写道:灵歌的基本思想是,奴隶制与上帝相抵触,否认了上帝的旨意。被奴役就是不被当作人,这种生存状态与上帝创造人成为他的儿女相矛盾。

---

*这是描写十字架的救赎中感人至深且流传最广的赞美诗。据说是瓦茨听到一个故事后所写。一位寡妇艰辛抚养三个儿子成人。长子去非洲宣教不久即被土人杀害。她旋即打发次子继承兄志,又遭杀害。最后打发三子前往,竟同罹难。亲友问她:"你将三个儿子都献给主,现在他们都已殉道,你懊悔吗?"她说:"我后悔是因为我再也没有儿子可以献给主了。"后来她祷告说:"假若宇宙都归我手,尽以奉主仍为羞愧。"

1804)和圣公会信徒菲利普·杜得瑞治(Philip Doddridge,1725–1751)也创作出许多赞美诗,供人们敬拜时使用。

圣乐

公元1600年以来,圣乐,特别是圣剧作品大量涌现。巴赫是公认的最伟大的宗教作曲家。巴赫是正统的信义宗信徒,他共写作了二百余首教堂清唱剧(又称康塔塔)。他还根据约翰福音和马太福音,创作了《约翰受难曲》(1724)和《马太受难曲》(1727)两部奏鸣曲。同一时期,亨德尔创作了《弥赛亚》。奥地利作曲家海顿的《创造》(1798)是一首颂赞全能上帝的虔诚的弦乐四重奏。今天许多顶级作曲家,如苏格兰长老会信徒麦克米兰(James MacMillan),希腊东正教信徒塔维纳(John Tavener)等人,仍不断地从圣经和教会祈祷文中得到创作灵感。

当代音乐

法国的泰泽会和苏格兰的爱奥那会在全世界都有广泛的听众。今天,许多教堂已经将唱诗班和管风琴换成了由吉他伴奏的赞美小组,这些音乐是由音乐赞美带领人创作的,具有代表性的是瑞得曼(Matt Redman)、肯德瑞克(Graham Kendrick)、皮埃斯(Andy Piercy)和克立夫顿(Dave Clifton)。

文 学
Literature

在基督教文化占统治地位的国家里,基督教激发了大批的优秀文学作品。特别是在西方国家,直到17、18世纪,人们普遍接受的还是基督教世界观;但是自从启蒙运动起,基于人类自主自治的设想,人们就在不断寻求新起点,来重新塑造人类的交流和文化模式。

基督教初成的几个世纪里,基督教写作大多严守语法或神学规则。希波主教奥古斯丁(Augustine,354–430)强调作品中的真理和道德指导作用,形式应退居其次,这个观点对后世产生了深刻影响。不仅如此,西方文学百花齐放,产生了许多著名的散文家和诗人,13世纪的意大利诗人但丁(1265–1321)是一个高峰。但丁的《神曲》是世界文学之林中的瑰宝。这是一首扣人心弦的长诗,树起了当时的文化丰碑。诗中描述了人死后在地狱、炼狱和天堂中的经历。《神曲》是一则基督教寓言,向人

▲ 多明我会修士向奥古斯丁赠送书籍,取自《圣十字架的多明我会修女传奇》(德国,1271年以后),雷根斯堡。

的灵魂展示了一幅异象:灵魂透视到罪,罪得洁净,灵魂上升开始新生命。宗教改革前所有的作家都是正式的基督徒。正如乔叟的诗作,其间充满了基督教理念,或明或隐。

新的方向

人们常常宣称 15、16 世纪是西方思想从基督教的桎梏中解放出来,开始得自由的时候,但是,非基督徒作家像一股潜流,直到 18 世纪才开始显山露水。莎士比亚、拉伯雷和塞万提斯这样的巨匠尽管不专门写宗教戏剧和小说,但是他们的作品都是在基督教世界观、道德观的背景下铺开的。近些年来,随着基督教信仰在西方的衰落,人们接受的世界观已经改变、破碎,因此基督教对文学的贡献越来越难于界定。成功地通过自己的作品传达基督教信仰的作家遗世独立,其中有托尔斯泰、陀思妥耶夫斯基、T.S.艾略特和 C.S. 刘易斯等。

> 正如好的文学和艺术作品陶冶性情,低级作品也能使人堕落。
>
> 唐纳德·科甘 (Donald Coggan),前坎特伯雷大主教

陀思妥耶夫斯基

陀思妥耶夫斯基 1821 年生于莫斯科,父亲是一名医生,他命运多舛,曾因加入一个地下组织被判流放西伯利亚十年;他嗜赌如命,还受癫痫病折磨。1866 年,他出版了《罪与罚》,这本书深刻挖掘了人性,也为他赢得极大的声誉。他辗转于欧洲各地很长时间,曾寄居于德国、瑞士和意大利。因为赌瘾,常常处于极度的贫困中。《白痴》(1868)和《群魔》(1871)使他名列最杰出小说家名册。1880 年他最具代表性的长篇小说《卡拉马佐夫兄弟》问世。陀思妥耶夫斯基的作品有戏剧化的情节设置,出色地描绘了人的内心世界,人们在善与恶的交织中挣扎。《罪与罚》和《卡拉马佐夫兄弟》中,他的俄罗斯东正教信仰尤为明显,其中的人物通过苦难和爱寻找着救赎。

建 筑
Architecture

> 人们建造大教堂、教堂和小礼拜堂用以在里面敬拜上帝,向上帝表达自己最深沉的感情,诉说自己的属灵生活。

建筑和所有艺术形式一样,很容易受到流行风尚的影响,教堂建筑也不例外。

教堂与上帝

岁月变迁,教堂的建筑风格也屡屡更变。其中最具影响的主要有以下几种。

◆ 哥特式建筑。12世纪发轫于法国北部。哥特式建筑是精巧的石质架构,其外形似预冲霄而上,直达天庭,其内部宽大豁亮。后来的四个世纪里,欧洲社会的财富持续增长,其中许多都用来建造了大教堂和教堂。公元1100至1500年间,单单大教堂就建造了五百余座。哥特式教堂有一种向上升华、天国崇高的感觉,表达了对上帝永不动摇的坚强信心。工匠们驾轻就熟地使用各种建筑技巧表达神的荣耀。

▲ 米兰大教堂的扶壁。这是中世纪晚期席卷西欧的哥特式建筑的最后一座大教堂。它的建筑基于相贯的圆形和等边三角形组成的复杂几何网格上。

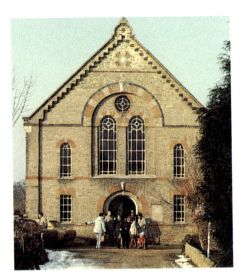

▲ 一座非国教的小礼拜堂,这是英国城乡星罗棋布的小礼拜堂的一个缩影。

◆ 宗教改革时期。这场16世纪的运动对敬拜场所中的陈设产生了强烈冲击;并且把人们从各种圣礼仪式的敬拜,拉回到上帝的话语——圣经上。教会在建筑上拨款甚少,简洁即是美。讲道坛取代圣坛成为建筑的焦点。

◆ 巴洛克式建筑。这是17、18世纪盛行于意大利的建筑风格,后来传遍了欧洲大陆,特别是法国和西班牙,其建筑形式华丽,富于装饰。巴洛克式教堂的规模都很宏大,以图用恢弘的建筑使敬拜者对上帝的壮美有所体验。

19世纪时,设计师们认识到他们的教堂不应当成为人们目光的焦点,只定位于城镇中数所宗教建筑之一即可。所以这一时期建筑以简

▲ 巴西利亚壮观的大教堂的建筑中使用了许多现代材料和技术。

单为原则,很少用建筑本身来表达宗教信仰或灵性中的渴望。

进入20世纪,教堂得益于众多新建筑材料,趋向现代化、功能化,常常充满促进普世基督教联合的意味。在这里,声学原理和纯粹的建筑结合到了一起,混凝土和用在大型窗户上的平板玻璃常用来建造洒满阳光的教堂。

> 哥特式时期的教堂建设总是始于高远的企盼,只有当钱用完了才会停工。比如科隆大教堂,足足用了七百年才完工。

圣礼、宗教仪式与基督教历
Sacraments, Services and the Christian Year

罗马天主教和东正教徒高度重视圣礼和节期。对于其他基督徒，它们不是特别重要，大家共同庆祝的节日只有圣诞节与复活节。但是，有一个所有基督徒都遵守的约定，就是信徒定期聚会敬拜上帝。

圣礼可以定义为"内在属灵的恩典以外在可见的形式表现出来"。罗马天主教和东正教主张有七样圣礼。

- ◆ 圣餐礼
- ◆ 洗礼
- ◆ 坚振礼
- ◆ 告解礼
- ◆ 授职礼
- ◆ 临终膏油礼
- ◆ 婚礼

　　教会在基督教历的基础上安排敬拜活动，基督教历每年由三个循环组成：圣诞节、复活节和五旬节。而新教一般集中在圣诞节和复活节安排敬拜活动。

> 整个世界应被视为经久不衰的普世性圣礼的可见部分，视所有人的活动为一种圣礼——圣餐礼。
>
> 斯坦尼劳斯（Dumitru Staniloase），罗马尼亚东正教神学家

◀ 危地马拉的复活节游行，戏剧性地表现耶稣受难。

弥撒与圣餐礼
Mass and Holy Liturgy

> 罗马天主教堂每天都举行弥撒,和东正教的圣餐一样。

弥撒开始时,神父会请人们忏悔,并请求上帝的宽恕。神父布道前会宣读三段圣经经文:第一部分圣道礼——"圣言的筵席"就结束了。然后是第二部分圣祭礼——"圣体圣血的筵席"。全体会众面对圣坛背诵《尼西亚信经》确认自己对圣父、圣子、圣灵、教会和永生的信仰。信徒上前恭领饼和酒,并在祈祷时奉献钱款。天主教徒相信这时饼和酒变成了真正的耶稣的身体和血,这个信仰称作"圣餐变体"。全体会众齐声宣告:"基督已死,基督高升,基督会再来",概括了天主教对救主耶稣的全部信仰。

忏悔

传统上,天主教鼓励信徒在领饼和酒前私下向一位神父忏悔他们的罪过,这就是告解礼。神父听过忏悔之后,会宣告悔罪者已被赦免,并祝福他,有时也会给他一些建议。东正教基督徒在领圣餐前有奉献钱物和禁食的传统。

▲ 神父在弥撒中举起圣饼(host),host 这个词从拉丁文 hostia 而来,意为"祭牲"。

圣餐礼的美

圣餐礼中一般都萦绕着唱诗班的清唱，这更增添了圣餐的美。东正教徒相信自己正在领受的是"永恒的圣餐"，因为地上的一切都是一种永恒样式的影像。

◀ 东正教神父准备饼和酒时，信徒是看不见的。

圣餐礼

东正教基督徒认为圣餐有独一无二的效用和重要性，因为圣餐可见于最早期的基督教敬拜仪式。第一部分，"圣言的筵席"，和英美圣公会、罗马天主教的形式相似。这部分的高潮是神父把装饰精美的福音书高举过头穿过圣幛中间的王门，神父四周环绕着举烛的随从。神父宣读一节经文后，走向主祭台。

接下来神父将在圣幛后主持"信徒的筵席"。神父来到主祭台代表进入上帝的同在，圣幛代表罪带来的人与神之间的隔绝。罪的隔绝极为巨大，只有耶稣的代表——神父，借着授职礼的纯全，才能进入上帝的同在。

东正教徒相信上帝通过圣餐中的饼和酒进入他们的身体。在准备"信徒的筵席"中的饼和酒时，神父站在主祭台上，而圣幛上的王门紧闭，以纪念耶稣圣洁的死。神父在主祭台上把饼和酒作为祭品献上后，再端着它们走出王门。信徒跪领，神父用长柄银匙把一片蘸酒的饼放在领圣餐者的舌根。

早期教会中，圣餐开始前将遣散还没受洗的人，剩下的会众在仪式结束后庄重地散去。八世纪起，"弥撒"（dismissal）一词，即指整个的礼拜活动。

新教圣餐礼
Protestant Communion

> 在改革后的新教教会里,圣餐礼几乎是纪念主的不变形式,圣餐礼让敬拜者有机会默想耶稣的死。

新教教会常把圣餐称为"主的晚餐"或者"掰饼",这两个词都直接取自圣经。显然,早期基督徒常常聚集在一起吃一些家常饭食,既是爱慕上帝的表现,也给团体中饥饿的人提供了食物。

主的晚餐

主的晚餐通常以忏悔罪和阅读圣经开始。其间所读经文可以是描述耶稣与门徒如何吃最后的晚餐的,也可以选择保罗对主的晚餐起源的叙述。牧师会解释经文的含义,并为贫穷困苦的人募集钱款。

牧师复述耶稣在最后的晚餐时说过的话时,饼和酒也同时在祷告声中作为祭品向神献上。循道宗的教堂里,信徒通常会走上前跪在横杆旁领受饼和酒,但在浸信会,是

▲ 圣餐中的饼和酒代表基督的身体和血。吃饼喝酒时,基督徒宣告主的受死、复活、升天,直到再来。

由教会领袖们把饼和酒分送至信徒面前。信徒领到饼后立即吃下,表示他们立即响应基督的呼召。而盛在一个个小玻璃杯中的酒要等到每个人都吃完了饼后同时喝下,以示彼此在基督里的合一。

▲ 浸信会中,信徒领受酒通常用单独的玻璃杯,而不是共享一只大杯。

主的晚餐的重要性

新教徒认为在仪式中饼和酒并没有真正变成基督的身体和血。它们只是对基督牺牲的记念。宗教改革中,新教徒猛烈抨击天主教的"圣餐变体说",今天这仍是圣礼派(强调圣礼本身的客观效力)与

> 我当日传给你们的,原是从主领受的,就是主耶稣被卖的那一夜,拿起饼来,祝谢了,就擘开,说,这是我的身体,为你们舍的。你们应当如此行,为的是记念我。饭后,也照样拿起杯来,说,这杯是用我的血所立的新约。你们每逢喝的时候,要如此行,为的是记念我。
>
> 哥林多前书 11:23–25

▼ 一大块饼通常在会众面前破碎成小块,纪念基督的死使信徒合而为一。圣经教导每个人在领圣餐前省察自己,确定自己没有任何破坏合一的分裂思想。

非圣礼派之间的主要争执。对于新教徒来说，饼和酒是更深层的属灵实体的外在记号。人们领受了并吃下它们，可以促进对耶稣受死的思考。这也就是为什么牧师在分发饼和酒之前，让会众借着感谢赞美，凭信心让耶稣充满他们的心。

"主的晚餐"这说法虽源自圣经新约，但是它的广泛使用是在新教殉道士尼古拉斯·里得雷(Nicholas Ridley)出版了《主的晚餐的宣言》之后，尼古拉斯·里得雷是英国高级教士，信奉罗马天主教的玛丽一世上台后，他因拒绝放弃新教教义而被处死。此书是他1554年在狱中所作。

敬拜仪式
Worship Services

一些新教教会不经常举行圣餐礼,也不因循礼拜式的祷告与敬拜。他们自成了一套突出乐曲和赞美诗、读经、代祷、讲道的敬拜方式。

▲ 图为南非一间五旬节宗教堂的唱诗班。五旬节宗的敬拜仪式活泼且激情满溢。

基督教概况
迈克尔·基恩

▲ 贵格会的敬拜仪式为静默式，圣灵感动谁，谁就站起来讲道、祷告或作见证。若没有人受圣灵感动，便无言无语而散。

> 教会里没有等级制度的立足之地。
>
> 哈维·考克斯（Harvey Cox），北美神学家

某些新教教会或许仍每天举行圣餐礼，但是在绝大多数教会不会有如此之高的频率。新教教会，特别是那些有福音派背景的，主要通过听讲道和遵行圣经中上帝的话语而得到灵性上的牧养。所以传讲神的话语是所有仪式中最重要的：心中受感动的人出声祷告，然后是阅读一段圣经经文，唱诗，最后讲道。

▲ 分享个人见证或属灵经历是聚会的一大特点。

> **带领人**
>
> 　　教派不同,敬拜仪式中的带领人身分也不同:在一些教会中是经过圣职授任的牧师,另一些教会中是平信徒。在家庭教会中平信徒带领人尤为常见,因为家庭教会极力避免教堂中森严的等级制度。而在罗马天主教、东正教和圣公会的教堂,只有正式的神职人员才能主持比如圣餐中饼和酒的祝圣这种典礼。

　　在灵恩派教会里,带领人会鼓励信徒在敬拜中处于无拘无束的状态。强调这种敬拜方式是因为他们注重向圣灵敞开,领受多样的属灵恩赐,不墨守敬拜中的陈规和仪文。尽管许多罗马天主教会参与到了这一波的灵恩运动中,但灵恩运动中自由表达的敬拜方式和主日弥撒不太相同。天主教灵恩派一般有每周非正式的祷告会和赞美会。

圣洗礼与坚振礼
Baptism and Confirmation

> 通常我们看到的都是婴儿洗礼，当然也有一些教堂为成人施洗。坚振礼一般是给少年人施行的。

对于基督徒来说，在洗礼中浸入水意味着他们与耶稣同死。因此他们的罪被埋葬，他们借着基督复活的力量，从水里出来的时候就开始一个全新的生命。洗礼包括完全浸入水中的浸水礼与在受礼者头上洒上圣水（代表洁净）的点水礼。圣洗礼奉三位一体真神的三个位格——圣父、圣子、圣灵的名施行。

婴儿洗礼

许多基督徒在还是婴儿时受洗，他们的父母和教父母代表他们宣誓。教父母由父母选择，肩负保护孩子在基督教信仰中成长的重任。父母和教父母一起走到圣水盆前接受神父就一些规定问题对他们信仰的深度进行的考问。然后神父取圣水盆中

▲ 婴儿洗礼是接纳婴儿成为教会大家庭的一员。图为德国一间国立教堂的洗礼仪式。

的水做"十字架的印记",就是在婴儿的前额蘸水表示基督的死,然后命名,并奉"父、子、圣灵的名"为婴儿施洗。

在罗马天主教堂和一些圣公会教堂,还在婴儿前额抹上圣油,代表在洗礼中圣灵已经降在这个孩子的身上。神父还会从大烛台上引火点燃一枝蜡烛,并把蜡烛递给父母,说:"接受这光。它代表你已从黑暗中走向光。"于是婴儿被接纳为教会的一员。当孩子大一些,他或她可以接受坚振礼,是自愿的、个人对基督教信仰的委身。

在东正教中,祈祷和祝福圣水盆中的圣水后,神父还会用"喜乐油膏"抹婴儿。婴儿不穿衣服面朝东方被放在圣水盆中,然后三次浸入水中。东正教的"圣油礼"(东正教的圣油礼相当于坚振礼)紧接着洗礼——婴儿的前额、眼、鼻、耳、口上都会搽圣油。

▼ 信徒的洗礼意味着当众承认基督信仰。信徒完全浸入水中形象地表明其归入了耶稣的死亡、埋葬与复活。

> 洗礼的恩典，圣灵的临在，对我们每一个人而言，是整个基督徒生命的基石，是不可予夺的，个人亲身经历的。
>
> 洛斯基（Vladimir Lossky），俄裔神学家

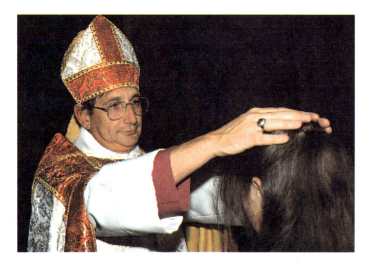

▲ 从教会早期起，就在坚振礼和为病人祷告时进行按手。

成人洗礼

一些新教的教派，特别是浸信会，认为婴儿洗礼没有圣经依据，因为婴儿不可能像洗礼所要求那样"有意识地悔改"，所以浸信会和其他一些教派将其改为成人洗礼，形式是公开进行信仰告白和完全浸入水中。

在教会建立的前两个世纪，一般只对成年信徒进行洗礼。从第三世纪到第四世纪，婴儿洗礼成为通用形式，但是成人洗礼在17世纪初随着浸信会的建立又重新出现了。

婚礼、葬礼
Weddings and Funerals

> 所有基督徒都将婚姻视为一个在上帝面前许下的神圣庄严的约定。基督徒绝对相信死亡不是终点,这观念也反映在基督徒的葬仪中。

尽管许多传统文化也很尊敬终生未婚的平信徒、宗教人士或神职人员,但基督教还是高度重视婚姻和家庭生活。有些传统,比如罗马天主教,不认可离婚。

婚礼

东正教和天主教把婚礼看作一种圣礼。因为在立定婚约和交换戒指时有基督的临在,基督使这对夫妻联合并祝福他们,所以东正教的婚礼中充满了这种象征意义。东正教婚礼上,有给新娘戴上花冠,给新郎戴上桂冠的加冕仪式,象征他们成为小家庭里的国王与王后,而家庭反映了上帝的国度的影像。婚礼中会记念为给基督信仰做见证而殉道的殉道者们,因为这对新人的婚姻也

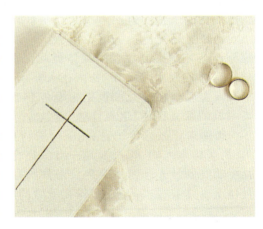

▲ 不同教派对待离婚的态度也千差万别。

133

基督教概况

迈克尔·基恩

▲ 基督徒相信基督已经胜过死亡。因此,灵魂在坟墓以外,安息在上帝怀里。图为南非的葬礼。

要为同样的信仰做见证。然后,神父拿着圣酒给新人三次,并带领他们在诵经台上绕三圈。

天主教在婚礼弥撒中举行结婚仪式。新人会代替神父分发饼和酒给会众,这是天主教婚礼的特别之处。

大多数新教教堂中,婚礼由正式授职的牧师主持,新人会彼此宣誓。婚礼中不常有圣餐,但是很注重宣读圣经和牧师的讲道。

葬礼

新约中提到了为病患抹油祷告。今天在一些传统文化中仍可见这种涂油礼,特别是罗马天主教会为临终的信徒举行临终膏油礼并进行赦罪的祷告。

基督徒相信死后灵魂不灭,在世界末日身体将会复活,同享基督胜过死亡的荣耀。这两点贯穿在基督教各个教派的葬仪中。

新教的葬礼包括唱赞美诗、祷告、读经和简短的悼词。仪式的第二部分在墓旁举行,死者的身体就此交在泥土和上帝完全的守护之中。如果是举行火葬,第二部分就在火葬场举行。

天主教会在葬礼前夜把棺柩停在教堂中,这样可以为亡灵祈祷。天主教的葬礼称作"追思弥撒"。

按照东正教的传统,棺木敞开着放在教堂前部。葬礼中并不阖上棺木,为了提醒人们:死亡不是一出多余的悲剧,而是上帝对罪的审判。葬礼中明亮的烛光和棺木上袅袅上升的香烟,标志着复活的盼望。死者的身体上膏抹着祝福的圣油,葬礼最后部分是人们一一与死者吻别。

教会对葬礼的态度在第四至第八世纪间发生了变化。第四世纪时的葬礼是欢庆场合,每个人都著白衣。到第八世纪,葬礼上已开始迫切祷告死者能速速离开炼狱,人们穿黑衣。

圣诞节

> 基督教历把基督降临节的第一个星期日作为一年的起始（11月最后一个星期日）。降临节为期四周，直到圣诞节那天结束。有些教堂还庆祝1月6日的主显节。

降临节是为圣诞节作准备的。早期基督徒并不在降临节或圣诞节庆祝耶稣的诞生，直到公元六世纪，基督徒开始专门拨出一个固定时间，纪念犹太人一直盼望的弥赛亚降生在伯利恒的马槽中。

三个来临

基督徒在降临节纪念三个来临。

◆ 施洗约翰的来临。在福音书中，施洗约翰作为神的使者，在耶稣之前为耶稣预备道路。

◆ 弥赛亚的来临。旧约中许多先知都预言弥赛亚要来，其中先知以赛亚预言了最多的细节。降临节中宣读得最多的就是以赛亚书。

◆ 耶稣再临。耶稣是上帝的儿子，是末日审判的审判者。

> 耶路撒冷的牛和驴比大祭司们更了解第一个圣诞节，今日亦然*。
>
> 托马斯·默顿(Thomas Merton, 1915–1968)，北美西多会修士，作家

---

* 婴孩耶稣在马厩中诞生时，牲口与他在一起，看守着他的睡眠，故有此语。

——译者注

圣诞节期间

在圣诞节期间，人们会唱赞美诗，一些国家的教会还举行露天演出再现耶稣降生的历史。按照传统人们会在家里放一株常青树，上面挂着彩灯和各种饰物。平安夜里，一些基督徒会聚在一起举行烛光仪式。圣诞节当天，基督徒和天主教徒都哄孩子们说他们的礼物是圣尼古拉斯，即所谓的圣诞老人——一个以慷慨闻名的第四世纪主教带来的。平安夜和圣诞节当天，许多家庭都会共享庆祝的盛宴。

▲ 降临节期间许多教堂中使用的物品有象征意义。

▲ 主显节期间会庆祝东方几位博士寻访到初生的耶稣，同时盼望耶稣第二次来临。图为埃塞俄比亚东正教会的主显节游行。亚的斯亚贝巴。

公历

通用的纪年体系以人们推算的耶稣诞生年为起点。英文中公元后"AD"(Anno Domini),表示,"我们主的年"之意。公元前 BC 是"基督之前"的意思。但是最近的研究成果显示耶稣出生于公元前 4 年,而不是以前确立的公元 1 年。基督教纪年体系在八世纪以后才广泛使用。在那之前,教会一直用罗马建立的时间——公元前 753 年作为纪年的起始。

主显节

到主显节或圣烛节(2 月 2 日纪念圣母马利亚行洁净礼的节日),圣诞季就算过去了。主显节的意思是"显圣"或"公之于众",为纪念耶稣三次显圣:向东方几位博士显圣一次,受洗时向众人显圣一次,山上变容时向门徒显圣一次。

在西方国家降临节持续四周,但东正教庆祝的时间更长,从 11 月中旬就开始,而且他们还在降临节期间禁食——尽管不如四旬斋期间的禁食那么严格。

* * *

没人能确定耶稣到底哪天出生。直到第四世纪,君士坦丁皇帝统治时期,人们开始在 12 月 25 日庆祝耶稣的诞生。

基督教概况

迈克尔·基恩

复活节
Easter

> 复活节的高潮是基督被钉十字架。复活节季的第一天是圣灰星期三（这一天许多信徒在前额画灰标志忏悔和必死），同一天也开始长达四十天的四旬斋，最后一天就是基督教节庆中最神圣的复活节。

四旬斋四十天的忏悔、禁食是复活节的序曲。按东正教传统，四旬斋之前额外有四周的大斋期。遵循传统，大斋期期间许多信徒不沾荤腥和动物制品，只在某些日子吃鱼。四旬斋的圣经典故是耶稣在旷野受撒旦试探时禁食四十天。马太福音告诉我们，耶稣受洗后立即被上帝的灵带到旷野，接受了试探四十天。

在西方国家，忏悔星期二过后，四旬斋从圣灰星期三开始，这天神父会在许多信徒的额上抹圣灰，同时说："人哪，你要记住，你原来是灰土，将来仍要归于灰土。"

圣周

复活节前的星期日，又称为棕枝节，耶稣在这一天荣入圣城

▲ 在一些国家，重演圣经事件是基督教一大特色。图为信徒准备棕枝节的游行。哥伦比亚。

138

复活前夕守夜礼

在俄罗斯,迎接复活节清晨的守夜礼会从午夜持续到晨曦微露,整个仪式中人们都站着。下面是一段对基辅一座教堂中守夜礼的描述,是夜,教堂中有两千人,教堂外还站着两千人:

地方主教走出王门,面向会众欢呼,"Christos voskresye!"(基督复活!)众人齐声答道,"Veyeastino voskresye!"(他诚然复活!)无法用笔墨形容在这死寂的暗夜,教堂内外的人们和那簇拥的烛苗燃起的是怎样一种激动——就像大地颤抖了一下,坟墓啪的一声打开。刹那间,复活的钟声响彻云霄。

吉姆·佛瑞斯(Jim Forest),《俄罗斯教堂朝圣》

▲ 西伯利亚一间修道院附近举行的复活节游行,俄罗斯东正教壮观华丽的游行队伍可见一斑。

耶路撒冷,教会里人们手里挥着棕树枝,嘴里喊着"和散那",以此纪念这一天。星期四是濯足节,基督徒记得耶稣在他的最后的晚餐上设立了基督徒掰饼和喝酒的圣餐;并亲自为门徒们洗脚。星期五是耶稣受难日,这天信徒哀悼基督的死,许多教堂都会在这天举行特别的纪念仪式。耶稣受难日的伤痛为复活节这天(复活星期日)的欢乐作铺垫,复活节当天人们欢庆耶稣从死里复活。一些教堂会举行复活前夕的守夜礼,身临其境地期待基督从坟墓中走出。

从1955年起,圣周星期五和星期六成为罗马天主教整个基督教历中独有的不举行弥撒的两天。

五旬节
Pentecost

> 复活节季过去,基督教历一年中的两段主要周期也过去了,接下来还有五旬节,基督徒在五旬节纪念门徒领受圣灵的事件。

耶稣复活四十天后升天,最后一次离开门徒,回到了天上的父身边。因此耶稣升天节是天主教的圣日,通常用弥撒来庆祝。耶稣升天节后十天就是五旬节。

犹太人的节日

五旬节是一个犹太人节日,时间在犹太人的逾越节后第五十天。五旬节,也叫七七节,是为纪念上帝在西奈山上把《十诫》启示给摩西。也正是在五旬节,圣灵浇灌在使徒们身上,所以基督徒庆祝五旬节以纪念教会历史上这个至关重要的日子。

东正教会在五旬节举行纪念仪式铭记死去的信徒,会众带食物参加仪式,类似于天主教的万圣节。

> 我们每个人必须在圣灵的这阵清新之风前谦卑下来,人类文明堕落到低谷,圣灵却从中抬举我们。
>
> 乔治·麦克劳德(George Macleod),苏格兰长老会牧师

耶稣变容节和圣母升天节

一些基督教会还庆祝另外两个节日。8月6日耶稣变容节,纪念耶稣带着门徒上山祷告的时候,面貌忽然改变了,衣服洁白放光。8月15日,天主教和东正教庆祝圣母升天,称作"圣母安息"。比起谈论罪的黑暗,东正教似乎更看重人类得以脱离世俗枷锁升入光明,因此这两个节日在东正教尤为重要。

在西方教会,五旬节常被称作圣灵降临节,按字义是"洁白的星期日",这使人回忆起在早期教会,人们举行洗礼时著白袍,因此一年中在五旬节和其后一段时间,人们仍沿袭穿白袍的传统。

五旬节被视作教会诞生之日,这天,门徒得到圣灵的力量,走出耶路撒冷传播耶稣基督的福音。

◀《五旬节》,Barnaba da Modena(活跃于1361年至1383年)绘。

> 圣灵是基督徒团契的源头,圣灵工作的重点与其说是启迪单个人,不如说是建立一个团契。
>
> 吉姆·沃利斯(Jim Wallis),北美基督教活动家,作家,寄居会创立者

20世纪初,基督徒有一个不成文的规矩:五旬节这周在街上与别人分享他们的信仰。

今日基督教
Contemporary Christianity

　　回顾20世纪，基督教一方面在世界某些地区有缩减的趋势，另一方面在其他地区的人数和生命力却与日俱增。21世纪继续保持这种趋势。

　　美国和欧洲的传统新教信徒人数的减少主要不是因为它们的教导不吸引人，而是由于它们看上去不太鼓舞人，好像与大多数人没什

么关系。坎特伯雷大教堂的大主教乔治·凯里觉得人们在作出道德抉择时恐怕越来越少考虑基督的教导,他担心在英格兰"上帝正被流放在个人爱好的范畴里"。

罗马天主教正分成保守派和自由派两个阵营。第二次梵蒂冈公会议(1962–1965)形成了更广泛的开放,之后,教皇约翰·保罗二世又重新捡起教会传统的保守教导。他出访众多地区,强调传统家庭观的回归。天主教会在世界上许多地区都努力吸引人们成为神职人员,一些西方国家中,社会要求吸纳女性神职人员的压力也在增大。教会面临的挑战还有:计划生育、堕胎、代孕母亲、基因工程、离异和同性恋问题。

与此同时,一些新兴团体和运动却欣欣向荣。包括福音会、五旬节宗和灵恩运动、医疗布道、激进的社会公义团体,还有非西方教会。

> 今天的人类,特别是教会,最需要的是恢复生命中的"超验感",这样赞美与惊叹才会如江河涌流。
>
> 约翰·泰勒(John Taylor),英国圣公会主教

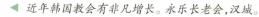
◀ 近年韩国教会有非凡增长。永乐长老会,汉城。

福音派
Evangelicals

20世纪,福音派基督徒的人数大增。"传福音"就是传讲耶稣的福音并鼓励人们成为基督徒。福音派基督徒注重圣经的重要性,强调通过耶稣基督得上帝蒙救赎的恩典,并看重福音书中"往普天下去,传福音给万民听"的大使命。

现时的福音运动可以追溯至20世纪早期基督教正统派信徒与现代主义者之间的争论笔伐。正统派信徒反对基督教中的自由主义或现代派支流,因为那些人试图把科学与宗教掺杂在一起,并通过历史学和考古学研究来了解圣经。正统派呼吁信徒们回归的"正统"定义为:

▲ 全世界都有布道家在传播耶稣的福音。

葛培理

美国布道家葛培理是历史上最成功的基督教布道家,上百万的人听了他的讲道以后悔改信主。

葛培理使用现代大众传播手段和组织来传讲简洁的福音。在跟随耶稣的问题上,他强调个人的决定和跟进栽培,以使初信者融入教会。近些年来,布道家们越来越多地使用各种媒体,诸如电视、网络等,来传播福音。

◀ 葛培理的布道生涯已超过五十年,他挑战人们回应耶稣发出的爱的信息。听过他现场讲道的听众人数已经超过历史上任何一位布道家。

- ◆ 圣经的启示与权威。
- ◆ 基督由童贞女所生并行神迹。
- ◆ 基督的神性和复活的真实性。
- ◆ 基督的死使世人的罪得赎。
- ◆ 相信基督第二次来临的真实性与迫切性。

20世纪,正统运动发展成福音运动。许多新教教派中,布道家的身影尤为活跃:他们强调学习圣经,教导人们当一个人成为基督徒时就获得了重生;他们培养信徒个人与基督亲密的关系,并与他人分享自己的信仰;他们是活跃于教会中的上帝的精兵。布道家也会有不同的风格:比如,在神学和伦理问题上某些人会比另一些人更保守些。

福音派信仰在南美的影响力日增。由于15、16世纪西班牙和葡萄牙的殖民统治,那里原本是罗马天主教徒居多。20世纪90年代初,在巴西的里约热内卢,平均每周有五座福音派教堂落成,其中许多在贫民区。

基督教概况

五旬节宗、灵恩派
Pentecostals and Charismatics

> 五旬节宗的教派在20世纪得到增长,然后有灵恩运动。它们都增长迅速,现在有四分之一的基督徒可算为"五旬节-灵恩运动"的成员。

"五旬节运动"的特点是强调"圣灵的洗礼"。它的外在表征就是保罗在哥林多前书12章中列出的属灵的恩赐。其中包括作先知、医病、说方言等以及五旬节的经历。五旬节那天圣灵降在耶稣的门徒身上,加添他们的力量,让他们说起别国的话来。"五旬节宗"得名源自这一天。

阿苏萨街复兴

五旬节运动的发展中最重要的事件发生在1906年,洛杉矶阿苏萨街一间临街的教堂中。黑人牧师威廉·西摩(William Seymour,1870–1922)向黑人和白人听众讲述圣灵的洗礼和说方言。从此地起,这波新运动迅速传遍南北美洲、欧洲,并影响了刚刚

▲ 洛杉矶阿苏萨街教堂临街的一面,摄于1906年,现代五旬节宗运动开始与此。

▲ 五旬节宗和灵恩派是世界教派中增长最快的两支

崛起的非洲教会。五旬节宗以其自由的敬拜方式和鼓励一切敬拜者都投入其中而闻名。有时由于这一运动中某些时候有人会表现出极端的感情流露，灵恩派也被戏称为"圣洁的打滚者"。

灵恩运动

五旬节运动开始时是多民族的，但很快就有了黑人教会和白人教会的分野。五旬节宗的会众常被传统教会轻视，因为其中很多是穷人而且教育程度颇低。渐渐地，五旬节运动被主流教派接受，继而产生"灵恩运动"。灵恩 (charismatic) 一词从 "超凡能力神授" (charismata)而来，指的是"圣灵的恩赐"。灵恩运动的影响遍及所有传统教派，其中受影响最大的应该是罗马天主教。五旬节宗和灵恩派是世界上增长最快的基督教团体。

> 在此刻，当你们真正感受到上帝的大能，会带给你极大的平安和喜乐。上帝的大能可以改变你和整个社会。你所有过犯都得宽恕，且有能力饶恕他人。此刻，你开始说方言，或许是没有人听懂的方言……最重要的是人要被上帝的大能充满。如果没有油，漂亮的汽车无法启动。上帝的大能只倾注在清洁的人身上。正因此，早期教会的信徒会去旷野中禁食、忏悔。这样，上帝才能用大能充满他们。每次讲道都应包含上帝的大能；这样，人们才会真正聆听、悔罪。
>
> 罗曼·毕拉斯 (Roman Bilas)，福音派信仰的五旬节宗基督教联合会领袖，莫斯科

医 病
Healing

五旬节宗和灵恩运动大大促进了近年的医病事工。以前，为医病而祷告并不常见，奇妙的医治只发生在圣徒身上。

现在，许多基督徒在生命的某些阶段会为疾病得医治而祷告，其中有些是为自己，有些为他人。灵恩运动的广传使医病的恩赐得到恢复，特别是许多有福音派和灵恩派背景的教会，会举行特别的医病仪式，或者鼓励信徒为医病祷告。这种祷告常常是"按手祷告"，即祷告的人用手触碰需要祷告的病人。

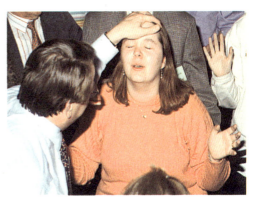
▲ 许多教会认为医病见证了上帝的作为和怜悯。

医治灵、魂、体

美国在医病运动中最有影响的人是艾格尼丝·桑福德（Anges Sanford,1897–1976）。她强调除了身体的医治，还有情感的医治，并以此为题，写了许多书籍。她让人们在耶稣像前再次回想以前所受的感情伤害，并最终从中得释放。她称之为"记忆的医治"。另一位美国人弗朗西斯·麦克纳特（Francis MacNutt,1925– ），1974年写了畅销书《得医治》。他指出四种医治：灵魂上的，身体上的，情感上的以及从邪灵的捆绑中得释放。

今日基督教

旗舰人文丛书

心理学与医治

当20世纪初叶心理学开始发展,基督徒对这种新科学普遍持怀疑态度。而站在心理学家和精神分析家的角度,他们又常说宗教不科学、不利于人的安宁。现在,这两个学科之间的紧张状态已经大为改观,两者趋向和谐。基督徒越来越意识到心理学概念和心理疗法的价值——帮助人们认识上帝所造的人类的复杂性。卡尔·荣格(1875–1961)是最具影响力的心理学家之一。他是牧师的儿子,生于瑞士,一生的大多数时光都在瑞士度过。荣格在分析个体的人格时把个体结构看作是意识、个体无意识和集体无意识的统一体。集体无意识是荣格最具特色的理论,其主要内容是"原型",即遗传的先天倾向。他认为人们的科学和艺术创造活动都是原型在起作用。荣格的精神分析被称为"分析心理学"。

> 好的神学产生好的心理学。
>
> 斯科特·派克(M.Scott Peck),美国精神病学家、作家

在圣地医病

在罗马天主教和东正教,医病常和特定的圣地联系在一起。最多的是圣母马利亚显现之处。1531年在墨西哥的瓜达卢佩,她向胡安狄亚哥显现;1858年,向法国朗特的白娜黛特显现。现在有许多朝圣者来到这两地寻求属灵的帮助和医治。

▼ 1858年,圣母马利亚向法国朗特的白娜黛特显现。现在许多人来到这里寻求医治。

基督教概况

教会合一运动
The Ecumenical Movement

回首20世纪许多人为弥合各基督教派之间的裂缝作出努力。现在，基督徒正在各领域谋求一致，至少，他们非常享受彼此之间互为肢体的关系。在这个过程中许多人发现了那些曾被他们忽略的珍贵东西。

第二次梵蒂冈公会议（1962－1965）宣称罗马天主教会是基督的教会，但它也承认圣灵同样在其他教派中工作，这为与其他派别的对话打通了道路。东正教也同样在认为只有自己是"使徒所立、独一、圣而公的教会"的同时，探索着所有基督徒的联合，东正教强调在信仰问题上达成一

致的重要性。罗马天主教和东正教不与本教派以外的人共领圣餐。而新教的一些教派也拒绝承认彼此的合法性。

▲ 教皇约翰保罗二世提倡各教派间的谅解与合一。

新的希望？

1995年教皇约翰保罗二世发表的教皇通谕上称"它们应该合一"，他呼吁罗马天主教、新教、圣公会和东正教的基督徒互相谅解以前的种种伤害、错误，这样基督的信徒们可以重新联合在一起。但最近，新教徒认为这位教皇的新声明又变得不是那么积极。事实上，多数真正有效的联合是建立在基层而不是高层。

▲ 在日内瓦的圣皮埃尔大教堂召开的普世教会协会会议。

◀ 第二次梵蒂冈公会议的决议之一是给罗马天主教徒更多承认并参与其他教派的自由。

普世教会协会成立于1948年,目标为帮助基督徒抛开神学分歧,在共同的目标上合作。它是促进新教、东正教、信义宗、圣公会之间合一的主要团体,其下属的"信仰与教制委员会"联合了全世界三百个各不相同的基督教派商议如何抓住契机,完成基督教的合一。

有三种特别姿态,可以被认为是上帝工作的记号,也是交流的渠道和发掘合一的新尺度:避免代沟;去见那些无法相信的人;站在被剥削的人一边。

泰泽的罗杰(Roger of Taizé),法国泰泽会领袖和奠基者之一

文 化

> 直到20世纪，占统治地位的基督教文化仍是欧美化的。随着福音传播到地球上每一个角落，人们开始质疑西方的基督教文化，许多国家则完全摒弃了西方的一套。

21世纪的画卷缓缓展开，基督教不会再只是西方的宗教。它的重心渐渐转移到非洲、拉丁美洲和亚洲一些地区。

▲ 以前的宣教士除了带来福音，也注重医疗、教育，但是他们和殖民主义的关联太紧。随着许多国家的政治独立进程，当地基督徒开始重新评价福音以配合当地文化。图为马来亚的一位英国宣教士，1910年左右。

在亚洲,基督徒是少数派,他们较强调基督无所不在,基督邀请所有人一同坐席,享受上帝的爱。在非洲,独立教会常常用他们特有的方式敬拜上帝——击鼓、跳舞、唱歌。他们将耶稣视为最伟大的祖先、人与上帝之间的中保。在拉丁美洲,基督徒不仅称耶稣为救主,也称他为一切压迫的释放者。

下面的文字节选于《毒漆树圣经》,这本书讲述了一名勇敢的美国浸信会牧师和他全家到非洲宣教的经历。这一段的叙述者是牧师的女儿雷切尔。

心一声一声地跳动,不,那不是我的心跳,是鼓点。男人疯狂击打着硕大的鼓,女人纵声歌唱,那颤声回转,好似月圆时分啸叫的鸟儿。领唱和其余的人用土话来回轮唱着。好一会儿,我才听出来如此教我寒毛直竖的诡异调子竟是基督教赞美诗:《前进基督精兵》和《耶稣是我挚友》!他们有唱赞美诗的权利,但是,就在我们面前,有些妇女袒胸露怀,在乍明还暗的篝火光中,就像枚鸟蛋……我四处顾盼,想看爸爸在哪里,不知是不是只有我被吓到肝胆俱裂?爸爸眯着眼,一言不发,好像马上就要发作;但是,人就如一股奔腾的水,永远不知道河道流转的方向。很多时候,你恨不能从此地遁形,随便去哪儿都好。

芭芭拉·金丝洛芙,《毒漆树圣经》

文化遗产

许多西方基督徒在向全世界宣教时,认为有他们独特标记的基督教才是正确的,他们常希望在自己的帮助下信基督的本地人完全照搬西方套路。但是,新建立的基督教团体常反对这种文化帝国主义,并尝试从西方人的文化枷锁中独立出来。他们想重新确立本土文化遗产,的确,许多非西方基督徒深邃的洞察力已使全世界的教会受益无穷。

▲ 赞比亚的卢萨卡大教堂,一幢欧式风格的建筑。对许多当地人来说,殖民遗风越来越不合时宜。

▼ 新的宣教士与当地人平等相待。一位爱尔兰宣教士与肯尼亚的马萨伊人谈话。

社会变革
Social Transformation

对于一些基督徒,信心生活可能是很私人化的问题;但是对另一些人来说,委身于福音,需要参与政治和社会运动。这些基督徒认为,上帝成为肉身,成为耶稣这个人,表明上帝密切参与着世界上的事。他们相信这些事肯定也与政治、社会有关。

"社会公义"在圣经新旧约中都是一个强烈的主题。比如旧约中许多先知说到上帝的公义和对穷乏人的关注。新约中耶稣的教导和生活

▲ 耶稣的宣教团体表现出上帝对穷苦人、病人、受压迫之人的怜悯。教会总是首当其冲关怀那些需要中的人。图为印度病人们在一家眼科医院候诊。

> 我有一个梦想,我的四个孩子将在一个不是以他们的肤色,而是以他们的品格优劣来评价他们的国度里生活。
>
> 马丁·路得·金(Martin Luther King)(1929 – 1968),美国黑人民权运动领袖

▲ 20世纪60年代,马丁·路得·金领导了美国黑人民权运动。他的信念来源于他确信在上帝的眼中人人平等。

方式非常激进,并与社会紧密相连。例如,当时是族长式社会,不洁净的人都要去别处独居,但是耶稣接触了许多麻风病人和一个患血漏的妇人,并医治他们。他乐意和各个阶层的人同席吃饭,似乎特别要寻找"罪人和税吏"。在妇女地位严格受限的文化里,耶稣接受女门徒。他平等待人,他在《登山宝训》中也如此教导人。

马丁·路得·金

在历史长河中基督徒一直努力将耶稣的教导活出来。当代社会,寻找社会公义有许多形式,比如于1968被暗杀的美国浸信会牧师马丁·路得·金领导的反对种族歧视的斗争。多年以来,马丁·路得·金带领的美国黑人社团表现出基督教平等博爱的精神,一直相信忍耐、自由。从奴隶制度到种族歧视,美国黑人遭受的种种,

使他们在发自内心的敬拜中联合在一起,他们的敬拜仪式以音乐和讲道为主。

解放神学

20 世纪 60 年代,解放神学在拉丁美洲发展起来,其影响遍及全世界。解放神学强调政治行动和对穷人的切身帮助。

德斯蒙得·图图

在南非,基督徒站在与实行种族隔离的政权斗争的前线。他们的领袖是南非开普敦的圣公会大主教德斯蒙得·图图,他因为对真理和正义大无畏的坚持,而获得 1984 年诺贝尔和平奖。

生 态
Ecology

到了 20、21 世纪，人们越来越关注自然界和人类在自然界的保护与毁坏中所扮演的角色。有人谴责基督教侵蚀环境，他们指出圣经的创世记中给了人类治理自然界的权力。一些人归咎于工业进步和经济竞赛。现在越来越多的基督徒相信自己有责任积极参与保护生态环境。

▲ 阿西西的圣方济各被称作"生态保护神"。《圣方济各向鸟讲道》，乔托（ Giotto di Bondone, 1266–1337)绘。

当西方国家为攫取利润大肆开采自然资源时，世界上许多土著文化用完全不同的观点看待自然。他们相信一切物体中都居住着神灵，一切物体都是神圣的，人类只是生命大循环中的一部分。

许多基督徒正在学习这些古老的信念，提倡要更多地尊重自然。人们对造物奇迹的认识越来越深刻，这种认识反过来帮助科学和宗教的联合。整个进程的重要人物有德日进 (1881–1955)，史怀哲(1875–1965)和教皇约翰保罗二世。约翰保罗二世称对动物的爱护有加的意大利圣徒，阿西西的圣方济各，为生态保护神。

德日进（Pierre Teilhard de Chardin）

法国耶稣会神父德日进(1881-1955)是20世纪首屈一指的引导人们关注受造物、科学与宗教关系的属灵作家。德日进是最早支持"受造物中心说"的基督徒之一，他注意到上帝使化学、生物学、物理学中出现错综复杂却完美无瑕的平衡，正因为这些平衡，生命才能够存在。但是德日进的书受到天主教会的审察，他大半生都没有出版书的自由。直至死后，他的著作才得到广泛传播并产生深远影响。

▲ 20世纪，发达国家的贪得无厌和物质主义给自然资源带来了大规模损毁。为了眼前之利，人们漠视上帝让人类治理全地的委托。

马太·福克斯（Matthew Fox）

另一个人，福克斯(1940－　)，他的神学受到颇多争议。1993年他被驱逐出天主教多明我会并从天主教神职人员中除名，1994年成为美国旧金山市的圣公会牧师。提到福克斯，人们总会想起"受造物中心说"，其中包括赞赏上帝的女性面，赞美人类身体当受祝福。福克斯不提"原罪"，而说"原福"。

> 我赞美你我为你欢呼！物质，不像那些理学的教皇或只顾说教的教士那样诋毁你、藐视你——把你作为下等的力量和流俗的欲望。你今天向我显明你自己，显示你的完全和本性。
>
> 德日进(Pierre Teilhard de Chardin)(1881-1955), "物质的赞美诗"

女权运动
Feminism

> 世界上有更多的女性站起来反对由男性统治的教会。黑人妇女有时避免使用"女权主义者",而用"妇女主义者"来表达她们斗争的特有性质。

▲ 新约没有把马利亚描绘成一位拥有独立权利的人吗?《哺乳圣母》,达·芬奇(1452-1519)绘。

历史上教会是父权制的,但是耶稣有女门徒,早期教会有女性领袖。因此女权神学试图重构基督教早期的妇女史,并调查男权统治的效果。女权主义神学有三个要点。

◆ 细查新约,特别是使徒保罗的作品。保罗书信中的一些叙述在早期基督徒团体看来似乎是压迫女性的;而其他一些叙述看上去则是主张人人平等的。比如,他列举理由说男性在祷告或说预言时不应蒙头,但是女人若不蒙着头,就该剪了头发;女人若以剪发剃发为羞愧,就该蒙着头。

◆ 细查圣经给出的女性榜样。耶稣的母亲——马利亚,

▲ 一位女牧师正在挪威的教堂里施行圣餐礼。

女性担任圣职

在改革了的许多教会中,女性可以成为牧师并带领会众。但在罗马天主教和东正教中,只能由男性担任圣职。越来越多的女性,特别是罗马天主教中,表示她们反对这种限制。1992年11月,圣公会决议同意女性担任牧师;女权团体对此表示热烈欢迎,并视其为突破性进展。另一方面传统主义者获悉这个消息时带着惊恐,他们认为圣经和教会传统都禁止女性成为圣餐礼中的牧师,因为那时她们要代表的基督是男性。福音派中一些保守派也不太能接受女性担任领袖职位的观点,他们引用圣经说男性是头。

是新约中的重要女性。很多人认为经文中对她的描绘是扰乱人心:不仅因为她似乎代表了纯洁与顺服的理想,很奇怪也因为她似乎主要被界定为母性,而没有被看作一位拥有自主权的人。人们常用"圣母马利亚"描述她。

◆ 上帝的观点。基督教会提到上帝时用"他"或"父",但是学者表示这种父权制的表达并不是绝对的:上帝的形象中也有母亲、智慧、公义、良朋与良人。

基督教概况

性　别
Sexuality

> 现代教会面临的最大困扰之一就是性关系。近年来，特别是在西方，社会大众对同性恋的容忍度加大，因此教会内部以更宽容的态度对待同性恋的压力随之增大。在许多教会，这是造成分歧的罪魁，两方辩论不断，未见和解的迹象。

从教会早期起，基督徒对待身体的态度就是复杂的：一方面，身体总是遭受各种苦楚；另一方面，身体也是敬虔行为和属灵操练的场所。因此人们总要在尊敬并悉心照顾身体的同时，忍受它、训练它。

赞美身体

随着"受造物中心说"和基督教生态运动的发展，人们开始用更积极正面的观点看待身体。20世纪后半叶的许多属灵著作提倡恢复具体化的感观享受，鼓励基督徒反省基督道成肉身的全部意义。这样的教导在过去五十年以来的"男女同性恋运动"中显得尤为醒目，"男女同性恋运动"引发的问题是现在基督教各宗派面对问题中最棘手的。

▶ 旧约中的英雄大卫被描绘成理想的人类形象。《大卫像》，米开朗基罗（1475－1564）作。

同性恋

基督教一贯教导说异性之间的性关系才正常，而且男女之间性爱的表达只能在婚姻范围内。同性恋倾向虽不予惩罚，但同性之间发生性行为却是禁止的，有圣经经文引以为证：利未记18章22节"不可与男人苟合，像与女人一样，这本是可憎恶的"；20章13节"人若与男人苟合，像与女人一样，他们二人行了可憎的事，总要把他们治死，罪要归到他们身上"；罗马书1章27节"男人也是如此，弃了女人顺性的用处，欲火攻心，彼此贪恋，男和男行可羞耻的事，就在自己身上受这妄为当得的报应"。其中，男性之间的性行为被看作尤为可憎。近年来，这些教导受到男女同性恋团体的挑战，他们希望人们听到他们的声音，接受他们的生活方式。他们辩说，基督全部的福音是建立在爱、接纳、自由和公义之上，因此不应该把人们逐出教会。基督徒对此反应不一，一个极端是自由派采取包容的态度，另一个极端是保守派坚持传统教导，还有许多骑墙派。而关于同性恋者是否能成为神父或牧师的争论，正在引发许多主流教派的分裂。

> "做爱"这种特殊的表达似乎已经赋予了性——男人和女人完全的联合，这在基督教思想中占据十分特殊的地位，但我们却蔑视、拒绝这份奇妙的礼物。
>
> 莫尼卡·弗隆(Monica Furlong)，英国作家

朗伯斯会议，1998

全世界五千五百万圣公会信徒有十年一度的全球主教大会——朗伯斯会议。1998年，关于同性恋者地位的辩论使三周的会议阴云笼罩。主教们的投票以526票赞成，70票反对，45票弃权，通过一项谴责同性恋行为"违背圣经"的决议。其他主要新教团体纷纷发表类似声明，或拒绝承认同性恋者的神职授任和婚礼，或声明性关系只能发生在异性结成的婚姻中。朗伯斯会议放出一枚亚非主教影响力冉冉上升的信号弹。卢旺达的约翰·路西亚哈那(John Rucyahana)主教是发展中国家教会新生代的代表——这些新生代经过内心争战、宗教压迫与贫困的试炼。他说："教会传讲我们的主耶稣基督福音的能力正在一点一滴流失。我们不喜欢第一世界国家谈到这些问题时暧昧不清的言辞和拐弯抹角的态度。"

基督教概况

新兴团体
New Communities

当代基督教的显著特征之一就是新兴基督徒团体的快速增长。这些新兴团体大部分由平信徒组成,而且不隶属于任何传统宗教体制。它们显示出多样化和基督教的复兴。

▲ 泰泽会富于特色的音乐被全世界许多教堂和基督徒团体使用。图为法国泰泽修和堂中的敬拜仪式。

新兴团体在目标上偏激进,在生活方式上允许信徒选择。

泰泽会

泰泽会在第二次世界大战期间由罗杰·舒兹(Roger Schütz)和麦克斯·瑟瑞恩(Max Thurien)在法国勃艮第建立。泰泽会是普世的、半修道院性质的团体,成员既有新教徒也有罗马天主教徒。它尤其受年轻人的欢迎,许多人从世界各国来这里一周或者更长的时间,分享团体生活。它在东欧的信徒迅速增加。泰泽会的年会有来自欧洲各城市约十万名青年参加,许多修道士住在世界各地的贫民窟。泰泽会最负盛名的或许是它的圣歌,其突出特点是简洁、短小、循环的乐句,歌词常用拉丁文,任何国家的人都能吟唱。

兄弟之邦(Brüderhof)

1920 年,阿诺德(Eberhard Arnold)(1883–1935)领导一群德国人建立了兄弟之邦。第二次世界大战期间

> 建立团契本质上是一种革命行为,其目的就是把男人和女人从对世俗体制的优势社会团体的依附中分离出来,并在不同的社会价值观上建立替代性的合作实体。
>
> 沃利斯(Jim Wallis),北美基督教活动家,寄居会建立者

▲ 爱奥那岛上的修道院由爱尔兰亲王科伦巴建造。福音从爱奥那岛遍传苏格兰,在下一代,影响波及英格兰北部。

他们被迫离开德国,迁往巴拉圭,最后驻在美国纽约州。兄弟之邦的经济供应来自玩具制造和书籍印刷。在许多神学问题上,如妇女地位问题等,他们是和平主义者和保守派。20世纪末,这个团体与胡特派合并。兄弟之邦已经成为存在时间最长的非修道院式团体之一。

爱奥那会

爱奥那是苏格兰西海岸的一叶小岛。公元565年,凯尔特人圣科伦巴将其作为宣教站,一些人认为世界上最精美的手抄本经之一《凯尔经》就出自于此。今天爱奥那岛因为20世纪30年代乔治·麦克劳德在这里建立的普世教会出名。该教会教导基督徒属灵操练有:祷告、默想和社会行为。朝圣者们蜂拥至爱奥那岛,在凯尔特人的古十架林立的修道院中静修。

基督教与世界其他宗教
Christianity and Other Faiths

> 随着"地球村"的扩大,世界各大宗教间的距离也日趋缩短,给基督徒带来的挑战是:依旧冷眼旁观,或只抱着把他们福音化的目的跟他们打交道,还是应该去寻求谅解和对话?

圣经教导说,耶稣基督就是道路、真理和生命,若不借着他,没有人能到上帝那里去。因此对基督徒而言,基督是独一无二的,基督教也不仅仅是众多宗教之一,它是通往真理和自由之路。

至于哪一条路才是接近其他宗教的最佳途径,基督徒之间也存在很大分歧。对有些人来说,承认任何非基督教行为或宗教信仰的价值无异于否认基督福音救赎的大能;而对于另外一些人,基督教的方式方法一向都太过矜夸自大了,他们觉得上帝在基督教会之外的作为必须被承认。这种争论只会愈演愈烈,尤其是伊斯兰教势力不断扩展的时期。

犹太教

那些试图去理解其他宗教并预备和它们进行对话的人近些年来取得了长足的进展。从多方面讲,二战中对犹太人的大屠杀是一个转折点。许多基督徒因忽视了大屠杀证据而愧疚,或者是对那骇人听闻的事件负有不可推卸的责任。犹太人与基督徒的对话近些年多起来,而且有更多的基督徒对犹太著名人物,例如马丁·布伯(Martin Buber, 1878–1965)和艾列·维泽尔(Elie Wiesel, 1928–)的著作开始感兴趣。

伊斯兰教

与伊斯兰教之间的沟通和对话对基督徒来讲,向来是特别困难,原因是双方在漫长的历史中充满对立,而且有一种观念认为许多穆斯林是极端原教旨主义者。然而当双方进入对话后,他们常常发现彼此间的共同之处:他们对西方文化的批判是相似的,都遵从一本圣书,而且有相似的祖先是其民族奠基者,其中包括亚伯拉罕,他既是犹太人的始祖,又是基督教和伊斯兰教的先父。

印度教和佛教

近代以来,印度教和佛教思想给西方世界的许多人留下深刻印象。在西方,越来越多的人练习基督教瑜伽功和禅功;这种趋势的带头人中有比德·格里芬和托马斯·默顿。

名词浅注（英汉对照）

absolution:赦罪。人向神父忏悔自己的罪而得到的宽恕、从罪疚中的释放。

Advent:降临节。基督教历的开始,圣诞节前四周;为圣诞节作准备的时间。

altar:圣坛。举行弥撒时摆放祭品的桌子;起初是木制的,后来用石头。宗教改革后天主教和圣公会仍保留,在改革宗教会换成了圣餐桌。

Anglican:圣公会。这个称谓出现于19世纪,指全世界与英国坎特伯雷主教区有交流的基督徒。

Apocrypha:次经,又译旁经。新教圣经中独立于新约和旧约之外的一系列犹太经典,写作时间比旧约晚,用希腊语而不是希伯来语写成;在罗马天主教圣经中被包含在旧约里,但是重要性稍次。

apostle:使徒。"去传扬"之意;对耶稣派出传扬福音的门徒的称谓。

Apostles´ Creed:使徒信经。最早使用于约公元390年的信仰宣告;起初可能是洗礼时的声明;圣公会使用。

Ascension Day:耶稣升天节。一些基督徒纪念耶稣在复活40天后升入天堂的日子。

Ash Wednesday:灰色星期三。四旬斋的第一天;得名自天主教中把上一星期"圣枝主日"中所用的圣枝烧成灰抹在信徒前额的礼仪。

atonement:救赎。"和好"、"弥补"之意,指借着耶稣的死和复活使得上帝与人的关系重新和好。

Ave Maria:万福马利亚。罗马天主教仪式中向圣母马利亚祈祷的拉丁祷词开头。

baptism:洗礼。许多教会中表示接受基督教信仰的仪式;象征人借着信基督而得新生命,进入基督徒团契,包括婴儿洗礼(天主教、东正教和一些新教教会采用)和成人信徒的洗礼(浸信会采用)。

baptism in the Holy Spirit:圣灵的洗礼。在五旬节宗和灵恩派教会中圣灵浇灌到信徒身上;会带来说方言或预言等属灵恩赐。

Baptist Church:浸信会。17世纪形成的主要新教教派,用浸水礼作为信徒加入教会的仪式。

believer's baptism:信徒的洗礼。浸信会和其他改革宗教会采用的,为相信的成年人举行洗礼。

bishop:主教。基督教会中三个主要圣职等级中最高的,其余两个依次是牧师(神父)和执事;在天主教会,至今认为主教是使徒的继任者。

Bishop of Rome:罗马主教。教皇的正式称谓;人们认为圣彼得是第一任教皇。

Breaking of Bread:掰饼。许多改革宗教会乐意使用的术语,即"圣餐";引自圣经使徒行传2章42节:"(门徒)都恒心遵守使徒的教训,彼此交接,掰饼,祈祷。"

Candlemas:圣烛节。2月2日;纪念圣母马利亚行洁净礼和在圣殿中把婴儿耶稣献给上帝,天主教在这一天把来年所有要用的蜡烛都献给上帝。

canon:正典。基督教会认为有权威的一些书卷;教会接受39卷犹太经书(旧约)和27卷新约书卷为正典。

cathedral:大教堂。有教区主教座位(cathedra)的教堂;教区的母堂。

Catholic Church:天主教。见"罗马天主教"。

Charismatic church:灵恩派教会。承认圣灵的恩赐并在敬拜中使用这些恩赐的一些教派。

chrism:圣油。罗马天主教和东正教在洗礼、坚振礼、授职礼和临终膏油礼中使用的油。

chrismation:搽圣油。东正教中教长或神父膏抹刚受洗的孩子;相当于其他教会中的坚振礼。

Christ:基督。"受膏者",希伯来之弥赛亚的希腊文译词。旧约时代神所立的君王、先知,祭司等必须受膏,即抹油在头上。"受膏者"是君王的尊称。新约承认耶稣是基督,就是旧约先知所预言的弥赛亚。

Christmas:圣诞节。全世界纪念耶稣诞生的节日。

Church of England:英国教会。地处英格兰的教会,在16世纪亨利八世和其女伊丽莎白一世统治时代和罗马教会有联系;从1552年,它教义的更改收录在修订版《公祷书》中。

citadel:堡垒。救世军成员聚集敬拜的地方;庇护所。

Communion:圣餐。大多数基督教派的主要圣礼。

Confirmation:坚振礼。成为教会正式成员的入会仪式;一般是主教的按手礼。

convent:修女院。女性宗教成员居住的地方。

Coptic Church:科普特教会。 埃及本地的基督教教会,相信由圣马可建立。

creation-centred spirituality:受造物中心说。拥护此说的代表人物是马太-福克斯,提倡上帝的女性面和认为人类身体受祝福。

Creed:信经。基督教信仰的正式叙述;最早的信经是洗礼时询问信仰的简短套语;在一些基督教敬拜仪式中《使徒信经》和《尼西亚信经》尤为重要。

crucifix:苦像。耶稣被钉十字架像,见于天主教和某些信义宗教堂。

Day of Pentecost:五旬节。 犹太节日,逾越节后50天。耶稣升天后圣灵在这一天降在使徒们身上。基督教会诞生之日。

deacon:执事。"仆人",基督教神职人员最低品,次于主教和牧师(神父)。现在是成为牧师的必经步骤,在长老会和改革宗教会中指参与教会行政事务的平信徒。

diocese:主教区。主教辖内的地区。

Easter:复活节。基督教会最喜庆的节日;庆祝耶稣从死里复活。

Easter Sunday:复活主日。耶稣死里复活的日子,基督徒每年此日都进行庆祝。

Eastern Orthodox Church:东正教。统治东方的基督教会,1054年与西方天主教会分裂后形成,其敬拜仪式建立在七种圣礼的基础上。

ecumenical movement:教会合一运动。1910年在爱丁堡兴起的运动,旨在促进各宗派间的谅解与合作。

Enlightenment:启蒙运动。18世纪的哲学运动,此时西方思想在科学、人文主义、理性主义、自由主义上取得进步。又称"理性时期"。
Epiphany:主显节。"显圣"之意,1月6日,纪念耶稣向外邦人显现的节日。
Episcopal Church:圣公会。在苏格兰以及美国的圣公会。
epistles:书信。新约中保罗、彼得、约翰和其他早期教会领袖就基督教信仰写来指导新生教会的信。
Essenes:爱赛尼派。源于公元前第二世纪的犹太的禁欲主义教徒,他们在巴勒斯坦沙漠地区过隐修生活。
Eucharist:圣餐。"感恩"之意,为圣餐的几种表达法之一。
evangelism:布道。传福音的工作,是全体基督徒的责任。
Extreme Unction:临终膏油礼。罗马天主教和东正教七样圣礼之一,把油膏抹在临死信徒身上。
font:圣水盆。盛水的容器,许多教堂中放在固定地方,其水用于婴儿洗礼。
Gentile:外邦人。非犹太人;特指非犹太基督徒。
Good Friday:圣周星期五。主的受难日;复活节前两日;纪念耶稣被钉十字架。
Gospel:福音。好消息;即上帝使儿子降世为人,拯救人类并完成上帝在旧约中的应许。
Gospels:福音书。新约的前四卷书,指马太福音、马可福音、路加福音和约翰福音。
Great Fast:大斋期。 东正教中四旬斋之前为期四周的禁食。
Great Vigil:守夜礼。俄罗斯东正教迎接复活节清晨的仪式,从午夜持续到黎明。
Gregorian plainsong:格利高里圣歌。无伴奏齐唱的祈祷文,节拍押在文字的重音上。
Hail Mary:万福马利亚。罗马天主教仪式中致马利亚的拉丁文祷文中的开头语。也叫做"Ave Maria"。
high altar:主祭台。一座教堂的主坛,特指东正教教堂中的圣餐桌。

Holy Liturgy:圣餐礼。东正教的领受圣餐仪式。

holy orders:授职礼。包括教会三个等级的任命:主教、神父、执事;罗马天主教和东正教会七种圣礼之一。

Holy Spirit:圣灵。神的灵,基督的灵,圣灵三位一体的第三个位格,是神差来安慰、扶助、指导及保护信徒的灵。常被描绘成鸽子。

Holy Week:圣周。四旬斋的最后一周,第一日是圣枝主日,最后一日是圣周星期六。

homily:布道。罗马天主教会的一种讲道。

icon:圣像。耶稣基督、圣家族或某位圣徒的肖像或镶嵌图案。东正教用来摆放在教堂和家中,帮助信徒投入气氛。

iconostasis:圣障。东正教堂中分隔内殿的圣坛与会众的隔板,上饰圣像。圣障正中有王门,王门两侧是基督和圣母马利亚像。

incarnation:道成肉身。"成为血肉之体";上帝之子成为人的样式,耶稣是完全的上帝并完全的人这种信仰。

indulgences:赎罪券。一种标志缩短信徒在炼狱中所受惩罚的善功。罗马天主教有此教义。

infant baptism:婴儿洗礼。给婴儿或孩童施洗的圣礼,标志他们进入教会,其后有坚振礼作为补充。

Iona community:爱奥那会。20世纪30年代乔治·麦克劳德于爱奥那岛上建立的基督教普世教会。

Jerusalem:耶路撒冷。大卫王夺得并拓展的城市;所罗门的圣殿所在地;耶稣被钉十字架之处;犹太人和穆斯林的圣城。

Jesus Prayer:耶稣祷文。东正教广泛使用的祈祷文,可追溯至第六世纪。

John the Baptist:施洗约翰。以利沙伯和撒迦利亚之子,耶稣的表兄。他传讲弥赛亚耶稣将要来临的信息,在约旦河中为耶稣施洗。

Kingdom of God:上帝的国。耶稣所宣告的国度;耶稣大多数比喻的主题;耶稣说它将完全来临。

Last Supper:最后的晚餐。耶稣被捕前与门徒吃的最后一顿饭,成为圣餐礼的范式。

lectern:诵经台。教堂前部顶部倾斜的书桌,上面摆放圣经。

Lent:四旬斋。从圣灰星期三开始到复活节的40天。许多基督徒以其为忏悔和禁食的时节。

Liturgy of the Faithful:信徒的筵席。东正教圣餐礼的第二部分,此时开始领圣餐。

Liturgy of the Mass:圣体圣血的筵席。天主教弥撒的第二部分,此时会众领圣餐。

Liturgy of the Word:圣言的筵席。天主教弥撒的第一部分,包括宣读三段经文和讲道。

Lord's Prayer:主祷文。耶稣教导门徒的,给所有信徒的祈祷范式;惟一被所有基督徒采用的祈祷文;天主教称为"天主经"。

Lord's Supper:主的晚餐。耶稣被捕前与门徒的最后一次晚餐。当时他以饼代表自己的身体,以葡萄酒代表自己的血,分给门徒吃,成为历代教会遵守的礼仪。也称圣餐、弥撒。

Mass:弥撒。罗马天主教称圣餐礼的专用语。

Maundy Thursday:圣周星期四。濯足节,圣周星期五前一日。这一天和耶稣为门徒洗脚、圣餐制度有关。

Messiah:弥赛亚。"受膏者";指犹太人几世纪以来盼望的,能将他们从敌人手中解救出来的人。基督徒相信就是耶稣。

minister:牧师。改革宗教会对领袖的称谓,为会众服务。

monastery:修道院。男性宗教成员居住的一幢房屋或建筑群。

Nestorian Church:聂斯脱利主义。基于公元第五世纪君士坦丁堡教长聂斯脱利的教导上的异端教派。聂斯脱利主义信徒曾在唐朝到中国去传教,创立景教。

New Testament:新约。圣经经文的第二部分,写于第一世纪基督教会出现之时。

Nicene Creed:尼西亚信经。公元第五世纪末期出现的信仰简述。罗马天主教、圣公会和东正教在圣餐中沿用。

Nuptial Mass:婚礼弥撒。一种特别的弥撒,是婚礼的一部分。

Old Testament:旧约。基督教专用语,指犹太圣典,是基督教圣经的

名词浅注

第一部分。

ordination:圣职授任典礼。罗马天主教、东正教和英国圣公会的授任平信徒为传道人的仪式。

original sin:原罪。亚当和夏娃的罪影响到所有人类的教义。

Our Father:天主经。天主教徒对主祷文的称谓。

Palm Sunday:圣枝主日。圣周开始之日,基督徒庆祝耶稣骑驴进入耶路撒冷。

parish:教区。在圣公会和罗马天主教主教的属灵看护下的地区。

Paschal candle:复活节蜡烛。复活节到升天节之间的四十天中,教堂仪式上点燃的高大烛火。

passover:逾越节。犹太人一年一度的重要节日,纪念摩西带领犹太人从埃及人的奴役下走出来。逾越节期间耶稣被钉十字架。

Paul:保罗。早期教会的杰出领袖,进行过三次布道旅程,在地中海沿岸地区建立了众多教会。许多新约书信的作者。

penance:告解礼。神父向悔罪之人所施的惩罚,以示其对罪有真正的悔悟。

Pentecost:五旬节。犹太教庆祝丰收的节日,也用来纪念上帝在西奈山上赐律法给摩西。此节也称"七七节"或"收割节"。

Pentecostal Church:五旬节宗。20世纪初成型的新教教会,敬拜仪式中使用圣灵的恩赐。

Peter:彼得。十二门徒之首,早期教会的第一个领导人。天主教徒相信他是第一任教皇。

Pharisees:法利赛人。耶稣时代犹太教的一派,严守摩西的律法和为解释律法而附加的传统,在福音书中常常对抗耶稣。

Plymouth Brethren:普利茅斯兄弟会。1828年在爱尔兰建立的福音派。在英格兰和美国也有分布。

Pontius Pilate:本丢·彼拉多。公元26年至36年犹太的罗马巡抚,宣布了耶稣的死刑判决。

Pope:教皇。"爸爸",罗马天主教领导人,据信是彼得的继任者。

priest:神父/牧师。罗马天主教、东正教和一些新教教派的正式神职人员,被授予执行圣礼的资格。
prophecy:预言的能力。借圣灵所赐的大能讲说智慧话的能力。是保罗在哥林多前书 12 章中所列的属灵恩赐之一。
prophet:先知。受上帝差遣传递上帝的信息的人。
Prophets:先知书。犹太经典的三部分之一,分为大先知书(以赛亚书、耶利米书、以西结书和但以理书)和小先知书(从何西阿书至玛拉基书)。
Protestant:新教徒。非罗马天主教或东正教的基督徒。基础建立在宗教改革的教导上。
pulpit:讲道坛。教堂前部高起的平台,讲道的地方。
purgatory:炼狱。罗马天主教徒相信这里是几乎所有人死后要去的地方,处于天堂和地狱之间,为升上天堂做洁净和预备的地方。
Quakers:贵格会。17 世纪建立的改革宗,以乔治·福克斯的教导为基础,强调敬拜中的静默和非暴力。又称"教友派"。
rabbi:拉比。犹太教师。
reconciliation:告解礼。罗马天主教圣礼之一,包括向神父忏悔罪和神父宣布赦罪。
Reformation:宗教改革。16 世纪的宗教运动,使得天主教分裂,建立了许多新教教派。
Reformed Churches:新教教会。比如信义宗、圣公会、浸信会和循道宗等教会,遵循宗教改革中的教导,特别注重圣经在所有教会生活中的至高地位。
relic:圣迹。圣徒或圣洁的人留下的遗物,用来敬奉。在罗马天主教是神圣的,但在新教不是。
Requiem Mass:追思弥撒。罗马天主教在葬礼上为死者而作的弥撒。
reserved sacrament:圣体备用的。祝圣过的饼和酒,保存在罗马天主教的圣体盒内,用于圣餐礼。
resurrection:复活。耶稣被钉十字架三日后重获生命,基督教核心信仰。
Roman Catholic Church:罗马天主教会。全世界接受教皇领导的信徒团体。

rosary:玫瑰经念珠。由 5 至 15 颗珠子组成的一串念珠,一些罗马天主教徒用此帮助祷告。

royal doors:王门。东正教教堂圣障中间的门,神父在圣餐礼中从主祭台上拿着饼和酒走向信徒时穿过此门。

Sabbath:安息日。"去安歇",一周的第七日,犹太人将此日定为安歇、休息的日子。

sacrament:圣礼。基督教会的礼仪,是内在、属灵赐福的外在、可见记号。

Sadducees:撒都该人。耶稣时代犹太人中有影响力的祭司阶层,大祭司必是撒都该人。

Saint:圣徒。被承认为一生圣洁的人。罗马天主教中这个称呼将在死后追封。

Salvation Army:救世军。19 世纪成型的新教组织,他们为贫困人群和底层人民做了许多工作。

Sanhedrin:犹太公会。耶稣时代犹太人的最高宗教法庭,由 70 至 72 名犹太民间领袖和大祭司为首席组成,处理一切与犹太律法有关的宗教和诉讼案件。在耶稣被带到罗马长官本丢·彼拉多之前,公会已判耶稣死罪。

Satan:撒旦。"魔鬼"或"敌人",用来称呼恶魔,邪灵的化身。

Second Coming:第二次来临。将来耶稣回到世上建立上帝的国度的信仰。

Second Vatican Council:第二次梵蒂冈公会议。1962 至 1965 年召开的罗马天主教大公会议,作出了一系列在天主教敬拜中引入现代风格的决定。

Shavuot,Pentecost:五旬节。犹太人庆祝麦收的节日,纪念摩西在西奈山上领受律法。

Shema:施玛篇。"听";旧约申命记 6 章 4 节的犹太称谓:"以色列啊,你要听。耶和华我们神是独一的主";犹太人独一神信仰的基本陈述。

Shrove Tuesday:忏悔星期二。圣灰星期三前一天;四旬斋前一天;四旬斋禁食前的节庆。

sign of the cross:十字架的印记。东正教和天主教基督徒举行的仪式,用圣水在身体上"画出"十字架的形状。

speaking in tongues:说方言。借助圣灵的能力说外国话或某种不可辨的语言,保罗在哥林多前书12章中所列属灵恩赐之一。

stations of the cross:苦路十四处。罗马天主教教堂外墙上的画像或雕塑,描绘耶稣被钉十字架路上停留过的14处地方。

stoup:圣水钵。罗马天主教教堂入口处的容器,盛着用来做"十字架的印记"的圣水。

Sunday:主日。星期日,基督徒专门用来敬拜上帝的日子,一周的头一日。

synagogue:会堂。"聚集"之意,犹太人祷告和教导经文的聚会场所,存放律法书(摩西五经)的地方。

Synoptic Gospels:符类福音书。四部福音书中用近似的方法描述耶稣生平,使用了许多共同材料的三部福音书(马太福音、马可福音和路加福音)。

tabernacle:圣龛。罗马天主教用来装献祭的圣体及圣餐酒的盒子或箱子,通常放在圣坛上边、侧边,或悬于圣坛上。

Taizé chant:泰泽祈祷歌咏。用拉丁文歌唱的简洁、短小、循环的乐句,由泰泽会发展完善。

Taizé community:泰泽会。半修道院性质的团体,成员既有罗马天主教会的,也有新教教会的。二次世界大战期间由罗杰·舒兹和麦克斯·瑟瑞思在法国泰泽建立。

Temple:圣殿。第一圣殿约于公元前950年由所罗门王在耶路撒冷建造,公元前586年被巴比伦人所毁。公元前19年大希律王开始重修圣殿,公元70年毁于罗马人之手。

Ten Commandments:十诫。摩西五经的一部分,指上帝在西奈山上赐予摩西的10条律法。犹太人并基督徒道德和信仰生活的基础。

Torah:摩西五经。犹太经典的前五本;律法书;被认作上帝赐给犹太人的最宝贵礼物。

transubstantiation:圣餐变体。罗马天主教信仰,弥撒中的饼和酒在祝圣的祈祷中变成了真正的耶稣的身体和血。

Trinity:三位一体。独一的上帝有三种位格:圣父、圣子、圣灵,三种位格完全合一的基督教信仰。

Virgin birth:童女生子。许多基督徒持有的信仰,即当马利亚怀有耶稣时是童贞女。罗马天主教认为马利亚终身都守童身。

Virgin Mary:圣母马利亚。即马利亚,耶稣的母亲;在罗马天主教中是许多宗教仪式的焦点。

votive candles:祈祷烛。天主教徒在教堂祈祷前点燃的小蜡烛。

Whitsun:洁白的星期日。也称圣灵降临节、五旬节,这天基督徒纪念圣灵被赐给早期基督徒。

Zealots:奋锐党。激进党,耶稣时代极端狂热的犹太民族主义者,常与巴勒斯坦的罗马军队为敌。